いいのかこれで
考えるヒット6

近田春夫

文藝春秋

目次

JANUARY FEBRUARY MARCH

01　HYDEの新作はあくまで子供相手の商品なのか？　10
①Angel's tale/HYDE
②ギター/曽我部恵一

02　逃げ場のない歌姫二人の対決で気付いた「あゆ＝ＴＫ」　14
③a song is born/浜崎あゆみ & KEIKO
④絶望グッドバイ/藤井隆

03　あの時代のあの感じを組み入れたLISA『Move on』　18
⑤Move on/LISA
⑥lovin' it/安室奈美恵 & VERBAL

04　全盛時のジュリーを思い出させるhitomi　22
⑦SAMURAI DRIVE/hitomi
⑧冬が飛び散った/25才/堂島孝平

05　スガシカオ『青空』にみる後期ビートルズ的サイケ　26
⑨青空/Cloudy/スガシカオ
⑩マルシェ/KICK THE CAN CREW

06　Dragon Ash、王道の骨格とストリートの肌触り　30
⑪Life goes on/Dragon Ash
⑫Home Girl/THE★SCANTY

07　MISIAは現代版コニー・フランシスへの道を進む？　34
⑬果てなく続くストーリー/MISIA
⑭a Day in Our Life/嵐

08　パズルのようなコトバのはめ込みをこなした小柳ゆき　38
⑮HIT ON/小柳ゆき
⑯ワダツミの木/元ちとせ

09　『きよしのズンドコ節』にみる歌い方の中の"グルーヴ"という核　42
⑰きよしのズンドコ節/氷川きよし
⑱ワールズエンド・スーパーノヴァ/くるり

10　『すっごいね！』の中に見るつんく独自のビートルズ論　46
⑲すっごいね！/THE つんくビ♂ト
⑳恋の歌謡日/ゆず

11　ポルノの歌詞は、絵空事と「本当」の境い目に漂う　50
㉑幸せについて本気出して考えてみた/ポルノグラフィティ
㉒ONE SURVIVE/中島美嘉

1月、2月、3月の月間ベストセラー順位表　54

BONUS TRACK

スカパラが喰えるようになった奇跡と努力 56
❶美しく燃える森/東京スカパラダイスオーケストラ

ＤＪの作る音楽の方が説得力を持つ理由 60
❷SANPEI DAYS/三瓶

このライムじゃ意味が判んない、キングギドラ 64
❸UNSTOPPABLE/キングギドラ

『あきらめましょう』のCM用とフルサイズの差 68
❹あきらめましょう/華原朋美

乙女にはたまらないジャニーズ音楽の真髄＝キンキ 72
❺カナシミ ブルー/KinKi Kids

セックスマシンガンズが"二の線"で行かないのは 76
❻暴走ロック/SEX MACHINEGUNS

APRIL MAY JUNE

12 状況にしらふだった事が奏功。上原多香子は完全に脱皮した 82
㉓Kiss you 情熱/上原多香子
㉔Let's Get Together Now/Voices of KOREA/JAPAN

13 NUMBER GIRLにＧＳの香りがするワケ 86
㉕NUM-AMI-DABUTZ/NUMBER GIRL
㉖花になる/奥田民生

14 自分のなかの不安をいつくしみたくなる、「声」の魅力 90
㉗光/宇多田ヒカル
㉘a tomorrowsong/Skoop On Somebody

15 この音は、判ってるヤツが作っている音である 94
㉙FUNKASTIC/RIP SLYME
㉚プリズム/YUKI

16 上手く出来た無国籍料理？ トランスとＴＫの融合 98
㉛OVER THE RAINBOW/INSPIRED FROM RED & BLUE/globe
㉜イムジン河/ザ・フォーク・クルセダーズ

17 『おさかな天国』をくちずさんでしまうのは…… 102
㉝おさかな天国/柴矢裕美
㉞エクスタシー温泉/アルファ＆DJ TASAKA

18　トミーの「遊び」がブリグリをスケールアップさせた　106
㉟Forever to me〜終わりなき悲しみ〜/the brilliant green
㊱Feel fine!/倉木麻衣

19　Gacktと河村隆一に通じるストレンジさと、異なる作風　110
㊲忘れないから/Gackt
㊳Sugar Lady/河村隆一

20　娘・SAYAKAデビュー。だが天然のシズル感が足りない　114
㊴ever since/SAYAKA
㊵Mugen/ポルノグラフィティ

21　大人が我を忘れられるＣＫＢの音楽を体験してほしい　118
㊶まっぴらロック/クレイジーケンバンド
㊷Happy Valley/orange pekoe

22　イメチェン後の平井堅には付焼刃な感じがしない　122
㊸Strawberry Sex/平井堅
㊹街/溺愛ロジック/堂本剛

23　hiroはソロではなくて〝新SPEED〟をやればいい　126
㊺Eternal Place/hiro
㊻saturday/paris match

4月、5月、6月の月間ベストセラー順位表　130

BONUS TRACK

あややは完璧すぎて大ベテランの劇団員のよう　132
❼Yeah! めっちゃホリデイ/松浦亜弥

厚いサウンドを支配する、つじあやののウクレレ　136
❽風になる/つじあやの

時代の息吹を感じる作品にクリちゃんは出逢えた　140
❾hard to say/Crystal Kay

歌のうねりが作るＭＩＮＭＩの安定しない気持良さ　144
❿The Perfect Vision/MINMI

『カレーライスの女』がコミカルでないのは　148
⓫カレーライスの女/ソニン

ＤＡＢＯの歌詞に感じたユーモアと含蓄　152
⓬恋はオートマ/DABO

JULY AUGUST SEPTEMBER

24 粛々と仕事をした坂本と自然体の甲本に違和感はないが…… **158**
㊼桜のころ/甲本ヒロト
㊽ひまわり/前川清

25 『亜麻色の髪の乙女』にカヴァー物の大いなるヒントが **162**
㊾亜麻色の髪の乙女/島谷ひとみ
㊿君ヲ想フ/元ちとせ

26 ロックとしかいいようのない桑田佳祐『東京』に興奮した **166**
51東京/桑田佳祐
52恋のマイレージ/RAG FAIR

27 つんくプロデュースのカギは編曲者にアリ **170**
53愛の唄〜チョンマル サランヘヨ〜/チョナン・カン
54幸せですか?/セクシー8

28 小柳ゆき的80年代解釈は何だか再生産っぽい **174**
55Endless/小柳ゆき
56願いの詩/太陽/コブクロ

29 冒険的なリズムが浮いたCHEMISTRY『FLOATIN'』 **178**
57FLOATIN'/CHEMISTRY
58ランブル/サンセット/GOING UNDER GROUND

30 空疎なコトバの世界、LOVE PSYCHEDELICO **182**
59裸の王様/LOVE PSYCHEDELICO
60閃光/UA

31 Dir en greyで味わう「しめり気のあるスリル」 **186**
61Child prey/Dir en grey
62渚の国/キセル

32 草野マサムネの声がもたらす〝にがみ〟の隠し味 **190**
63ハネモノ/スピッツ
64World needs love/Earth Harmony

33 SUGIZOの新天地にはワム!的〝夏〟が漂っている **194**
65SUPER LOVE/SUGIZO&THE SPANK YOUR JUICE
66北風と太陽/YeLLOW Generation

34 デビューから四作。氷川きよしのスケールの大きさが見えてきた **198**
67星空の秋子/氷川きよし
68大きな古時計/平井堅

35　単なるキワモノでは絶対にない。音楽集団・氣志團　202
(69)恋人/Love Balladeは歌えない/氣志團/清水宏次朗
(70)コ・ウ・カ・イ/石井竜也

7月、8月、9月の月間ベストセラー順位表　206

BONUS TRACK

The NaB'sのＧＳコスプレの時代考証　208
⓭湘南純情！/夏恋/The NaB's

化粧の必然性がないヴィジュアル系の意味合い　212
⓮愛の唄/Psycho le Cému

私がこの一年で思った、C K B（クレイジーケンバンド）の意味　216
⓯肉体関係 part2 逆 featuring クレージーケンバンド/Rhymester

日之内絵美の曲に感じる☆タカハシの女性の扱い　220
⓰Magic/World/日之内絵美

ミスチルを歌いたくなる「発音する快感の仕掛け」　224
⓱HERO/Mr.Children

HITOEのソロデビューが最も遅かったのは　228
⓲I Got You/仁絵

OCTOBER NOVEMBER DECEMBER

36　〝悪くはないんだけど……〟バンド解散後のTAKUYA　234
(71)i love you/TAKUYA
(72)Wishing On The Same Star/安室奈美恵

37　岡村と卓球のコラボは一緒に一冊エロ本作った感じ　238
(73)come baby/岡村靖幸と石野卓球
(74)The 美学/松浦亜弥

38　ＧＳにあってＪポップにない〝叫び〟のカタルシス　242
(75)証/ZONE
(76)自転車泥棒/Whiteberry

39　浅井健一の歌詞はビンボー臭く聴こえない　246
(77)シルベット/JUDE
(78)03/応答セヨ/03

40　再結成したSOFT BALLETは何とも中庸な音　250
(79)メルヘンダイバー/SOFT BALLET
(80)浮舟/GO!GO!7188

41　ガガガＳＰの『晩秋』はフォーク的諦観が今っぽい　254
㉛晩秋/ガガガＳＰ
㉜PIKA☆NCHI/嵐

42　釈由美子はアイドルとしての己を相対化して眺めている　258
㉝釈お酌/釈由美子
㉞A HAPPY DAY/麻波25

43　ツルリとした演歌の声。島谷ひとみ『いつの日にか…』　262
㉟いつの日にか…/島谷ひとみ
㊱Stay Wih You/星村麻衣

44　二律背反の谷から脱出!? キック・ザ・カン・クルー　266
㊲地球ブルース～337～/DJDJ[for RADIO]/KICK THE CAN CREW
㊳BLUE ROSE/FANATIC◇CRISIS

45　w-inds. だけが持つ芸能的と音楽的な要素のバランス　270
㊴NEW PARADISE/w-inds.
㊵Everything needs Love feat. BoA/MONDO GROSSO

46　ゆらゆら帝国は、やすやすとウルトラＣをしてみせた　274
㊶冷たいギフト/貫通/ゆらゆら帝国
㊷BACK BLOCKS/MISIA

47　ヴァーチャル〝筒美京平〟に拍手! キンモクセイ『車線変更25時』　278
㊸車線変更25時/キンモクセイ
㊹seize the light/globe

48　声の底力はあってもサウンドの面白みが今ひとつの安全地帯　282
㊺反省/あの頃へ/安全地帯
㊻さらら/けちらせ！/ベッキー

10月、11月、12月の月間ベストセラー順位表　286

あとがき　288

さくいん　294

＊本文番号１から48は『週刊文春』に連載されたものです。日付は掲載号を示します。
＊Bonus Trackは書き下ろしです。

January February March

1 2 3

Angel's tale／HYDE
ギター／曽我部恵一

01

HYDEの新作はあくまで子供相手の商品なのか？

開店休業中のラルクのヴォーカリスト、HYDEがソロの新作を発表した。棺桶——といっても和式の長方形のものではなくドラキュラでおなじみの西洋風の——をかたどったケースに入っている（初回プレスのみ）。

まァ、棺桶にも何か訳はあるのだろうが、とにかくタイトルは『Angel's tale』である。アレンジ違いの英語バージョンとのカップリングになっている。

さて、どんな曲なのかというと、まず歌詞は当然相当ロマンチックなものだ。要約すれば歌い出しの三行、〽胸の奥閉じ込めた／遠い日の大切な／Angel's tale　ということに尽きるのだが、雪の降る日に見掛けた天使のような笑顔をした女性に心を奪われてしまった男の話である。

と思っていると〽なぜこの腕は羽根じゃない？というくだりがあって、それって男の方も、自分も天使だったらよかったってことなのかしらん？　でも天使の羽根はたしか腕とは別に背中に生えてる訳で、ではコレは何のたとえなのか、とか、ちょっと踏み込んで歌詞を眺めていると、案外肝腎なところが曖昧である。〽あぁ、こんな降り注ぐ雪の日は／熱く灯る切ないシークレット　というのもよく判らない。

いちいち歌の歌詞につじつまを求めるのもナ

ンセンスだけれど、五十歳の私にはどうも空疎に思えてしまう。やはり、あくまで子供相手の商品ということなのだろうか。

メロディは、かなり低い音の連続で、そして抑揚に乏しい流れのせいか、何度聴いても覚えにくい。カップリングの英語バージョンと聴き比べても、同じ曲なのか、似てるけど別の曲なのか、よく見分けがつかない。特徴というものがないメロディなのである。

一番気になったのは、Ｋｅｙの設定がいくら何でも低過ぎることで、一番下の方の音がコレでは下がり切れていないように聴こえてしまうのだ。

と、書けば書くほど文句になって行って申し訳ないけれど、多分、私の不満に感じる部分こそこの曲の魅力と感ずる人も多いのだろう。妙にこの曲、色気だけはたっぷり持っているのである。ただ、それが音楽の色気というよりＨＹＤＥ氏の存在がかもし出すものである点が、ファン以外の人間には困る。

何と申しましょうか、この曲、音楽よりブランド力の方が勝っている気がする。あくまで気がする、ということですが……。

こちらはちゃんと解散しているサニーデイ・サービスの曽我部恵一のソロ第一弾である。

今時珍しく長文の解説がついていて、曲の出来るまでのいきさつが評論家によって語られている。それが70年代的というか、なかなか熱くて面白かった。読んでいると、どうしても曲を聴いてみたくなる。すごい入れ込みようなのだ。

曲も、その想いにふさわしく、ひとことでいえば、もう商売抜き。本当にウソのない（感じがする）たたずまいである。
　この人間的優しさに、プラス、私としては、ヤバさのようなものがどうしても欲しい。そうじゃないと、音楽に興味のない人をふり向かせられないと思う。

2002/1/17

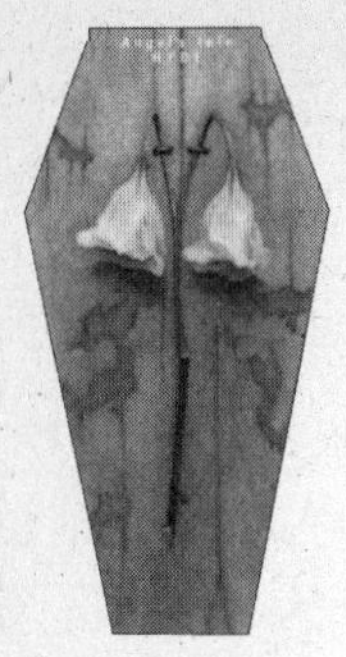

1
Angel's tale
HYDE（キューンレコード）

作詞・作曲・編曲／HYDE
ラルクと異なる雰囲気のアコースティックギターのアルペジオと低音の歌声が印象的。バンド・ソロ共に再開予定。

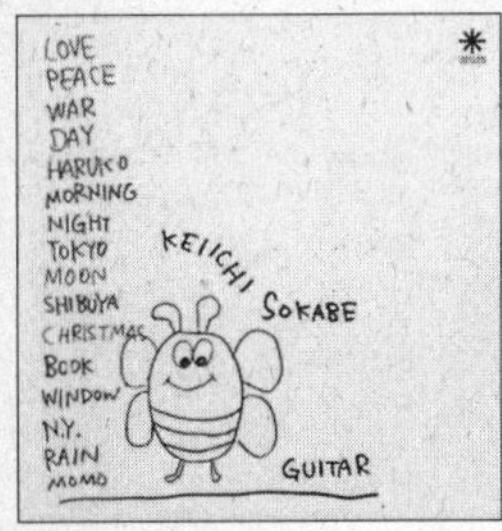

2
ギター
曽我部恵一
（READYMADE INTERNATIONAL）

作詞・作曲／曽我部恵一
ソロデビューシングル。解説文によると「彼なりの反戦歌」。内省は普遍に通じる、のか？

a song is born／浜崎あゆみ＆KEIKO

絶望グッドバイ／藤井隆

逃げ場のない歌姫二人の対決で気付いた「あゆ＝ＴＫ」

これは、やっぱなかなかスゴイ。圧巻のひとつはジャケットであるね、多分。同じデザインの看板を、どこかでご覧になっていると思う。浜崎あゆみとｇｌｏｂｅのＫＥＩＫＯが大アップモノクロでツーショットに決めているヤツである。あらためて手に取って眺めてみると、この写真がいいのだ。いいというより、物語る力がある。

まずはＫＥＩＫＯだがここに写っている彼女は今までに見た彼女とは決定的に違う。ちょうど浜崎あゆみを見おろす構図のせいか、何通りにも解釈出来る表情に見えるのだ。それが状況にはずみをつける。眺めていると、色んな想像がわいてくる。勿論、浜崎あゆみのど真っすぐな視線も、同じ文脈でとてもイマジネイティヴなオーラを発揮していて、両者せめぎあって、とにかく見あきないのだ。

といったように、この作品は全体的に、ＶＳ（ヴァーサス）感とでもいうべきものの演出が上手い。そして『ａ　ｓｏｎｇ　ｉｓ　ｂｏｒｎ』。タイトルを書き写してて、何ともこのユニットにドンピシャな!!　と思わず笑ってしまった。これ以上王道的な命名が他にありましょうか。

王道の質感のなかのＶＳ（ヴァーサス）。

大型ですよねェ。やはり、これだけのものを組み立てられる小室哲哉は只者じゃあない。

ベン・ハーとか、ああいう映画と一緒ですよ、この大型ぶりは。ということは、絶対に数字を要求される。売れることが大前提となる。

これは逃げ場がない。それに世間のまなざしも、かつてほど熱くはない。相手はあゆである。

普通に考えればプレッシャーと思えることが、ここではプラスに働いている。良い刺激となって小室哲哉に作用している。

この曲の作られた動機が、犯罪に対するいきどおりなのは周知のことだと思うが、その是非を別としていえば、この曲の良さは、全体にひとつのメッセージがある。それが音楽の形にきれいに収まっていることにある。

ジャケット写真からはじまり、ここには一貫して「逃げぬ」という姿勢があるのだ。オレも戦う。だからオマエも戦え。

今回、歌詞を書かなかっただけ、より音作り全体のプロセスが発言的になったのかも知れないが、何にせよ、このプロジェクトで残るものが、楽曲より（ＴＫ氏の）行動であることは間違いない。

曲を聴き驚いたのは、アーティスト同士の相性の良さである。メロディとコトバの関係も自然だし、歌姫お二人もミュージシャンとして競い合ってはいてもチームワークをしている。で気付いた。小室哲哉と浜崎あゆみは同じものだ。

更に気付いた。この先ＴＫ氏が何を目論んでいるのか。私の勘では〝君が代に代わる新しい国歌〟だと思う。ま、その時はＹＯＳＨＩＫＩとの政治性が問題となろうが。

相変わらず小室哲哉の作品は考えさせてくれ

るものだった。

藤井隆の新曲は松本隆／筒美京平コンビによる青春ものだ。

藤井隆の声が布施明のノド自慢みたいで、それが本人のキャラと合っているようないないような、そこいら辺がちょっとむずがゆくていい。

それはそうと、やっぱアレンジも京平さんやってくんないと……。満たされないッス。

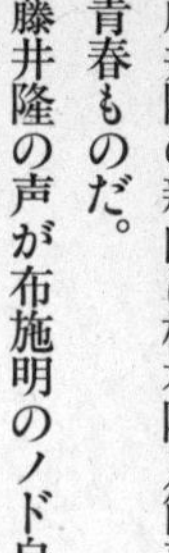

2002/1/24

3

a song is born
浜崎あゆみ＆KEIKO（エイベックス・トラックス）

作詞／ayumi hamasaki　作曲・編曲／Tetsuya Komuro
ＴＫ氏らが主催するチャリティＣＤの第１弾。収益の一部は国連本部に送られるとか。スロウテンポのバラード。

4

絶望グッドバイ
藤井隆（アンティノスレコード）

作詞／松本隆　作曲／筒美京平　編曲／本間昭光
かつて紅白出場を果たした吉本芸人・藤井隆のソロ第３弾。松本隆の作詞は藤井本人が強く希望したのだとか。

Move on／LISA

lovin' it／安室奈美恵＆VERBAL

03

あの時代のあの感じを組み入れたＬＩＳＡ『Move on』

ｍ－ｆｌｏのことはいつもどこかで気になっていて、というのも、彼等にはとてもミュージシャンシップを感じるからだ。

今時、音楽的才能の如何を問わず、目立つアーティストは、まず芸能人に思えてしまう場合が多い。あるいは戦略の専門家という時もあるが、いずれにせよ御時世とはいえ、それはちょっと複雑な気持にさせる。

どうしてなんだろうか、ｍ－ｆｌｏに限っては、そういった人達から受けるのとは違う印象が続いている。たしかにサウンドは大変商業的な華々しいものだというのに、だ。

多分、彼等の音にはマーケティング的アプローチ以上に音楽への好奇心が詰まっている、歩の進め方にそのことを強く感じさせるものがあるせいだと思うのだが、とにかく数字へのこだわりばかりが目立つシーンにおいて、ｍ－ｆｌｏが、数少ない、品良くうつるメガヒットメーカーなのは間違いないことだろう。

このたびの、ＬＩＳＡソロ名義のＣＤにおいても、彼女は音楽との関り合いのなかで、ごくナチュラルにｍ－ｆｌｏの時とはひと味違った探究の姿を浮かび上がらせている。ｍ－ｆｌｏ(バンド)も楽しいけどこういうこともやってみたかったのよ、という声が伝わってくるような、生きいきとした、そしてとても女らしさにあふれた仕上がりで楽しく聴くことが出来た。

　彼女は本体ｍ－ｆｌｏでも、歌うだけではなく曲や詞作りに携わっている訳で、今回の見所は、さすれば、サウンドプロデュースにどのような力を発揮するか、ということになる。コレが上手くいけば、この先ＬＩＳＡが純粋に女性プロデューサーとして、他のアーティストを手掛ける可能性も出てくるのである。

　ここでのｍ－ｆｌｏとの一番の違いは、よりオーセンティックなディスコサウンドを目差している点だろう。70年代の例えばサルソウルレーベルの作品に見られるような、豪華な歌モノディスコにまっすぐにぶつかっている。三人の時のサウンドに比べて、その意味では個性に欠けるきらいがある。

　しかし、あの時代のあの感じをエッセンス的にたくみに組み入れていて、コレは相当聴いてきた人だと判る。まだ若い彼女がこのようなニュアンスを出せるのだ。今回のプロデュースはどれだけ彼女が音楽に漬かってきたかということの証明といっても良いかも知れない。

　ところどころ、歌い込みの足らなく思える箇所もあったが、まァ、三人の時と違って色々と忙がしかったのだろうな、と好意に解釈出来る範囲のことで、c/wのスローナンバーともどもひとつの――大人っぽいかわいらしさを持った――女のハートが感じられる今回の初ソロ、プロデュースのスタートとしては幸先（さいさき）のよいものに仕上がったと思う。

　一方、相方のひとりＶＥＲＢＡＬは、安室奈美恵と『ｌｏｖｉｎ’ ｉｔ』を出した。こちらはＴＫ関連のチャリティＣＤで、さすが小室哲哉らしくビッグネーム同士のコラボレーションのツボ押えが見事。安室奈美恵もＶＥＲＢＡＬも集中力のある芸をリラックスした形で披露している。

今回のアメリカの出来事は小室哲哉の新たなるエネルギー源となったようである。

2002/1/31

5

Move on
LISA（rhythm zone）

作詞・作曲／LISA　編曲／Satoshi Hidaka
m-floメンバー時代のソロプロジェクト第1弾。本体m-floとは異なったカラフルな音世界が楽しめる。

6

lovin' it
安室奈美恵＆VERBAL（エイベックス・トラックス）

作詞／Tetsuya Komuro VERBAL　作曲／Tetsuya Komuro
ＴＫ氏が手掛けたチャリティＣＤの第3弾。VERBALのライムとサウンドが見事にマッチ。

SAMURAI DRIVE／hitomi

冬が飛び散った/25才／堂島孝平

04

全盛時のジュリーを思い出させるhｉｔｏｍｉ

今のｈｉｔｏｍｉを見ていると、デビューの頃とは別人のように思える。

かつてはこのようにハデな印象ではなかった。曲もファッションもひかえ目というか、同年代のシンガーに比べて大人びた感じがあって、支持のされ方もそれに見合った静かなものであった。

それがこのギンギンぶりだ。ＴＫ時代の彼女から、今日のｈｉｔｏｍｉを予測した人はいなかったと思う。

しかし、ここしばらくのシングルをふり返ると、案外この転身がちゃんとした計画のもとに行われてきたものであることが判る。イメージを変える為の曲、昔の彼女につながった曲、そのバランスのなかでうまくグラデーションがつけられているのだ。いつのまにか彼女は、音楽的なカラーのあるアーティストから、どんな企画にも応えられる大衆的な存在に、ブランドの意味を変えた。

そういった観点から見た時、『ＳＡＭＵＲＡＩ ＤＲＩＶＥ』は、より路線を明確なものにする勝負曲といっていいと思う。

なにしろこのタイトルである。昔の彼女では、こんなケレン味のあるヤツは無理だったのではないか。

この曲に合わせて作られたコスチュームから、

私はふとアン・ルイスを連想した。そこから全盛時のジュリーのことも思い出した。

今、彼女はあの時代のお祭りさわぎの復活を目論んでいるように映るのである。

さて『SAMURAI DRIVE』だが、まず目をひくのが、堂々のエイトビートぶりである。全篇にわたって、おそらく生演奏と思われるギター中心のバンドサウンドが展開されている。こうした作りの音は、一歩間違うと古臭く聴こえたり、安っぽくなったりするものだ。

そうなるかならないかは、それこそセンスの問題ということになるが、この曲で思ったのはサウンドが荒けずりのままCDに収められている。それが功を奏して、プレイヤーの動きのようなものがこちら側に伝わってくるということである。いい換えれば、絵の見える音になっている。その絵が〝今〟なのだ。うまく、2002年なりの歌謡ロックの音にまとめたと思う。

hitomiの歌い方も、好き嫌いをリスナーにいわさぬ攻撃的なもので、一歩も引くところのないのがいい。

この曲には例えば、タイトルの意味とか、今更なジャパネスク趣味のアートワークとか、つっ込みたくなる要素、ひっかかる要素も多いのだが、そうしたことをふっとばす勢いがある、ということである。そして、それは、とりもなおさず、hitomiの、芸能人としての現在の度量の大きさの証しとなっているといっていいのではないか。

どちらかといえばカジュアルな私服の似合っ

ていた彼女だが、こうした、いかにもなステージ衣装をまとっても違和感がない。この曲で、ひとつ世界のスケールが大きくなったことは間違いないのではないか、と思った。

堂島孝平の新譜は、ごくごく当たりさわりのない甘口のポップロック。安心して聴けるが、スリルはない。ｈｉｔｏｍｉの方が男らしい。

2002/2/7

7

SAMURAI DRIVE
hitomi（エイベックス・トラックス）

作詞／小林亮三　作曲／CUNE　編曲／渡辺善太郎
大阪〝心斎橋系〟バンドCUNEの曲をカヴァー。「Brand－new AUBE」ＣＭソング。昨年秋に５歳年上とゴールイン。

8

冬が飛び散った／25才
堂島孝平（日本コロムビア）

作詞・作曲／堂島孝平　編曲／堂島孝平×GO-GO KING RECORDERS
人気バンドのメンバーが「GO-GO KING RECORDERS」としてバックの音作りを担当。最近はKinki Kidsに楽曲提供も。

青空/Cloudy／スガシカオ
マルシェ／KICK THE CAN CREW

05

スガシカオ『青空』にみる後期ビートルズ的サイケ

スガシカオというと、ファンクミュージックの影響をよく指摘されるけれど、この新譜を聴いていると、むしろビートルズ的なものがベーシックに強くあるアーティストに思える。

といって、それは奥田民生などの場合とはまた違っていて、ビートルズでも後期に入り、より内省的になったあたりの感じである。それが彼の音楽の血肉となっている感じがする。

この時代のビートルズはレコーディング技術の発達とともにあり、様々な音響的実験を重ねていた。それまでのポップスやロックがメロディと歌詞、そしてアレンジだけで成り立っていたとすれば、ビートルズはそうした試行錯誤を通じて、そこに〝サウンド〟という要素を必須のものとして確立させたといってもよい。

ビートルズは音に秘密を作った。録音を楽曲そのものの魅力に匹敵するポップスの武器として世間に認知させたのだ。そこが、それまでの、エルビス・プレスリーに代表される人気歌手達との大きな違いである。

その意味ではファンクミュージックもビートルズの恩恵はこうむっている訳で、私が思うに、スガシカオは、例えばスライ&ザ・ファミリーストーン等の音楽の向こうにビートルズが透けて見えていたのではないか。

ビートルズからファンクへ至る道に何がある

かといえば、サイケデリックだ。サイケデリックとは、では何を指すのか。一般的にはそれはドラッグとイコールに語られるが、ポップミュージック的には、ちょっといびつだったりヘンテコだったりが快感につながる時、サイケと呼ばれてきたと思う。

つまり、スガシカオは本能的に後期ビートルズ、そしてファンクに、ひとすじ縄ではいかぬ心地良さを共通項として見出し、それを独自に発展させてきた。

そのなかで徐々に、より後期ビートルズのカラーが強くなってきたのは、要するに体質ということだろうが、M－1『青空』を聴き気付いたのは、ダンスミュージックへの未練をきっぱりと棄てていることだ。

それは、この曲が踊れないという批判ではない。曲を作る時に、人に踊ってほしいという願いを持たなくなった。聴いてほしいという願いだけを、この曲からとても感じるということだ。

そして、それこそがファンクとビートルズを分けるものではないかとも思うのだが、私の予測では、ここから先スガシカオはますます後期ビートルズ的サイケデリックな音楽の人になって行く。

といい切って良いものか不安もあるが、彼にとってのファンクネスがサウンドというよりはマインドの問題であることが、このシングルからハッキリと伝わってくるのは間違いない。今回、ひとつスガシカオの輪郭が鮮明なものになったように思う。

2002/2/14

KICK THE CAN CREWは、ラテン色の強いトラップで新曲を出した。

全体の空気感は明るく気持の良いものだが、リズムの作り方に、もう少し踏み込んだものが欲しかった。例えばベースとかキックとか、聴いててコピーしたくなるような……。それってすごく重要なポイントだと思うのだが。

9
青空／Cloudy
スガシカオ（キティMME）

作詞・作曲／スガシカオ　編曲／スガシカオ　森俊之
一時期、某発泡酒のＣＭでの露出が目立ったスガの両Ａ面シングル。ＭＩは映画「仄暗い水の底から」主題歌。

10
マルシェ
KICK THE CAN CREW（イーストウエスト・ジャパン）

作詞・作曲／KICK THE CAN CREW
編曲／KREVA
ナイナイ岡村主演の映画「無問題２」テーマ曲。ラテンテイストを大胆に導入。昨年の紅白出場は快挙といえよう。

Life goes on／Dragon Ash
Home Girl／THE★SCANTY

06

Dragon Ash、王道の骨格とストリートの肌触り

Ｄｒａｇｏｎ Ａｓｈの人気はあいかわらず不動である。勿論降谷建志の存在に支えられている部分もあるとは思うが、新譜を聴いていると、これは売れて当然な音という気にさせられる。『Ｌｉｆｅ ｇｏｅｓ ｏｎ』は、フォークギターのカッティングで始まる歌入りラップだ。スタイルとしては、今までの彼等の延長線上にあるだろう。これといった新機軸の見出せるものではない。聴くとすぐＤｒａｇｏｎ Ａｓｈと判る音だ。

しかしすぐ判るというのに、そこに個性があるかというと、あるようでない。いやそのいい方は正確でないな。全体的には彼等らしいカラーがあるのだけれど、細かくチェックすると、かつてどこかにあったようなパーツで構成されていることに気付くのである、Ｄｒａｇｏｎ Ａｓｈの音というものは。です。

イントロの雰囲気は60年代後期アメリカのフォークソングのようだし、歌に入ってからのギターのリズム、コード進行も原形となるものを昔のロックに見付け出すことが出来る。

のだけれど、述べたようにそれが作品として構成されると、俄然Ｄｒａｇｏｎ Ａｓｈ色を帯び出す。つまりは、そこにあるのは、組み合わせの妙ということになる訳だが、彼等は、ありそうでなかったという解釈のゾーンがあると

して、そのなかでなじみ易さ（ありそう）と新鮮さ（なかった）のベストバランスのポイントに作品を置くことが大変うまいのである。

そうして出来てきたがゆえに彼等の音楽には王道の骨格とストリートの肌触りがある。いい換えればDragon Ashのスリルには安全が保証されているのである。売れぬ筈がない。

殊に思うのは、その音質である。彼等の音は、たといノイジーであったりひずんでいたとしても、ある限界をわきまえて、決して暴力的と（平均的リスナーが）感ずるまでには行き過ぎることがない。

コトバに関しても同じことがいえる。Dragon Ashの歌詞はメッセージ的に映るがそれはマーケットの論理に牴触しない範囲に限られた物いいに終始しているのである。すなわち何もいっていない。

と書いてきて、段々と文章が彼等に否定的な方向になってしまったが、苦手なのは主にコトバに関係する部分だけで、音楽家として見ると、Dragon Ashは力とセンスのバランスにおいて、日本屈指のアーティストだと今は思っている。おそらく彼等ほどDJ的手法と通常の音楽家的作曲のあいだをシームレスに行き来出来るミュージシャンはいないだろう。更にいえばそのノウハウが曲を追うごとに円熟をみせて、他の追従を許さぬまでになった。

あと大切なことだと思うのだが、この新曲、とにかく、さまになる音である。それも含めてDragon Ashの進化はどこかジャミロクワイと似ているようにも思えるのだった。

THE★SCANTYの新曲は、デビュー作に比べると、ちとハジけ方が足りない。もうすでに全然別の場所に行っちゃってるようなスピードが欲しかった。

2002/2/21

11

Life goes on
Dragon Ash（ビクターエンタテインメント）

作詞・作曲／Kj　編曲／Dragon Ash
久々にオリコンチャートで１位を獲得した。年間売上げでも４位を記録。J-フォン「写メール」のＣＭソング。

12

Home Girl
THE★SCANTY（東芝EMI）

作詞／YOPPY　作曲・編曲／MASA-HIDE SAKUMA
デビュー曲『レディースナイト』に続く新曲。前作に引き続きYOPPYが詞、作曲を佐久間正英氏が担当した。

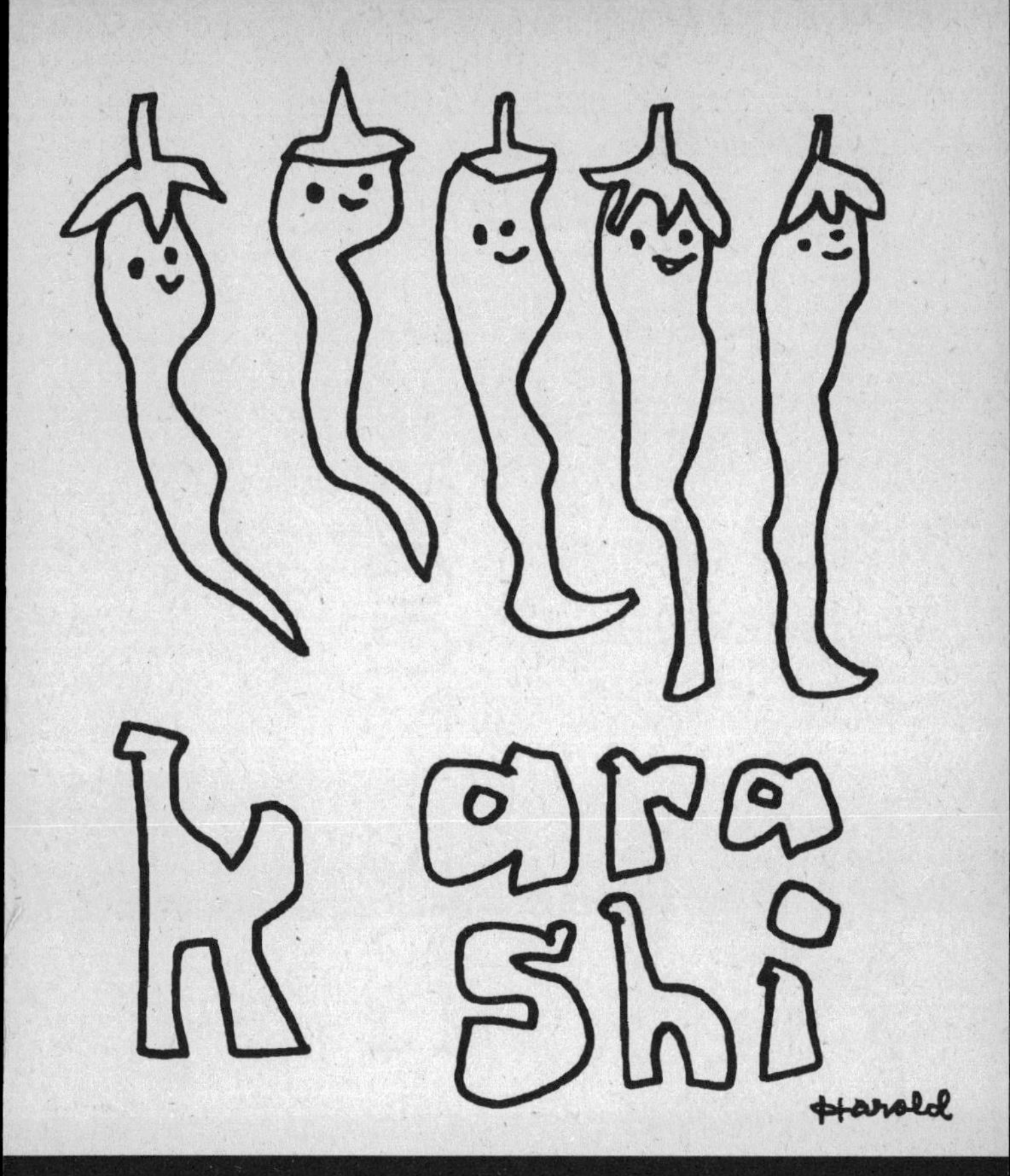

果てなく続くストーリー／MISIA

a Day in Our Life／嵐

07

MISIAは現代版コニー・フランシスへの道を進む？

MISIAは本当に歌がうまい。声に伸びがあって、感情の陰影が伝わってきて、音程がよくて、タイム感も素晴らしい。日本語も英語もきれいだし、何より色気がある。楽器として考えるならば、この人の右に出る性能のものは、見渡す限りないといっても過言ではないぐらいのシンガーだと思う。ラジオから彼女の声が流れてきたりすると思わず聴き入ってしまう。ほれぼれする程の声の持ち主である。

今回のシングルも、そうした彼女の持ち味を十二分に生かした作品であることに間違いない。そして、この曲が例の大ヒット、〽ヨーエブリシ～ングの延長線上にあることも間違いない。アレは説得力のある曲だった。正に彼女の為にあるような曲だった。

ただ、それ故に、あの曲がヒットした時、ひとつ気がかりも生じた。たしかに気持のいい曲だとは思うが、気持よさがどうしても60年代的なのだ。いってみればコニー・フランシスと変わらない。『ボーイ・ハント』とか『渚のデート』とかで四十年近く前に味わった甘酸っぱさがそのまんま、今日の進んだテクノロジーで再現されているに過ぎない、とはいい過ぎにしろ、何にせよ古き良き時代のアメリカンポップス的な喜びを覚える曲であったことは否定出来ないだろう。

それはそれでいい。問題はあまりにもこの方向性がMISIAにハマってしまったことだ。

MISIAのデビュー以来の軌跡をふりかえると、歌唱力もさることながら、いわゆるDJ以降の発想のなかで何かを作り出そうとしてきたアーティストであることが確認出来る。新しき快感へのアプローチが常にあった。それが、あの曲にはない。そりゃリミックス盤は出しているが、曲の根本の話である。

あの曲で思ったのは、ひょっとするとMISIAはここに居場所を見付けてしまった、ということであった。だとすれば次に来るものはスタイルの固定化である。現代版コニー・フランシスへの道だ。

やっぱり日本人はこういうのが好きなのよね、といつもの伝で、MISIAも人をたっぷりと泣かせることに特化したシンガーになってゆくのだろうか。

和製女性R&B歌手のブームからもう何年たったか忘れてしまったが、あの頃とんがっていたシーンもいつの間にか平である。皆、日本の閉じた音楽状況がつまらなくて改革を試みていたように思うのだが、結局売りやすさという抵抗勢力に負けてしまうのか。

今までになかった音楽で人を驚かせてやろうという気持、もっとアーティストは強く持つべきだと、私はマジで思うのですけれど……。

嵐の新曲は、その意味では、方向性の模索に勢いや好奇心が感じられて楽しく聴けた。開発途上にあることがかえって魅力となっているのだ。つまり、この先どうなるのか、自信と不安のないまぜとなった状態が曲のなかでうずまいている。混とんとした熱気がエネルギーとなって燃えているのが、そのラップとコーラスのからみから伝わってくるのである。いかにも若者らしい気負いがなかなかいなせで、私はこの嵐の新曲気に入った。

2002/2/28

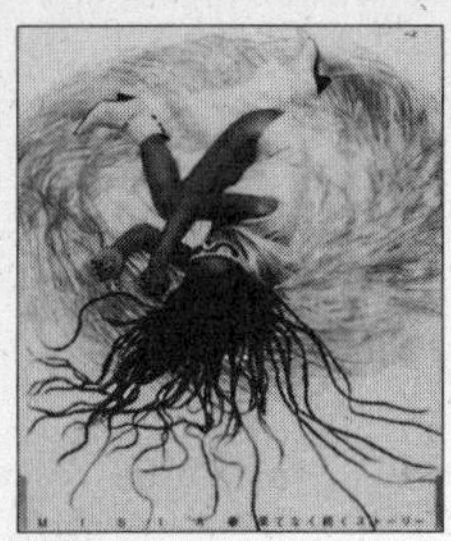

13

果てなく続くストーリー
MISIA（Rhythmedia Tribe）

作詞／MISIA　作曲／Toshiaki Matsumoto　編曲／Takayuki Hattori
ＮＨＫ「ソルトレークシティーオリンピック放送」テーマソング。例の大ヒット『Everything』は前々作。

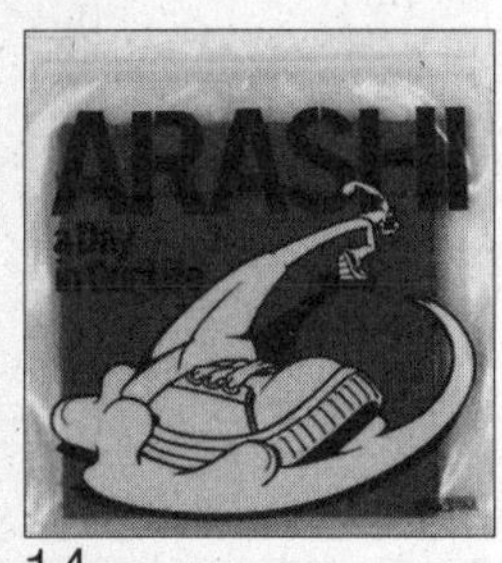

14

a Day in Our Life
嵐（ジェイ・ストーム）

作詞・作曲・編曲／SHUN SHUYA
スケボーキングのメンバーがサウンドプロデュースした。メンバー桜井も出演したTBS系ドラマ「木更津キャッツアイ」主題歌。

HIT ON／小柳ゆき
ワダツミの木／元ちとせ

08

パズルのようなコトバのはめ込みをこなした小柳ゆき

小柳ゆきがデビューした時、これで和製女性R&Bも、昔のGSと同じように普通の歌謡曲の方向へ収斂（しゅうれん）しはじめた、といった内容のことを述べた。あそこでディーヴァのブームは、新しさから単なる歌のうまさへと、完全に意味をシフトさせたと思ったからだ。宇多田ヒカルに始まったあの流れには、音楽性でJポップに風穴を開けようとする力が見られたのに、そんなことより売れるが勝ちみたいな勢力が主流になるきっかけを、あのデビュー曲は作ってしまった。少なくとも私にはそう映ったのだ。

しかし、それは小柳ゆき本人へ対してというよりはプロデュースする姿勢の底流にあるものへの言及である。

私の読みが当たっていたかどうかは、今日のシーンを眺めて判断していただくしかないが、全体的にリズム等へのアプローチで無難な結論に落ち着くケースの増えたことは間違いないと思う。

そんななかで、小柳ゆきはというと、当初に比べて印象がはるかにアグレッシブなものになっている。ふり返れば、デビュー曲の古臭さは何だったのかと思えるほど『HIT ON』は未来指向である。それも背伸びした様子ではなく、本人の存在にシンクロした未来指向といったらいいか、地に足のついたあゆみを感じさせてくれるのだ。

　正直いって、彼女がこのように新しさに対して貪欲だとは思わなかった。デビューの時、ただ歌をうたうことだけが喜びの人と見ていたのは、私の見誤りだったようである。

　さて、この曲が何にインスパイアされているかといえば、ディスティニーズ・チャイルドだろう。あのギクシャクとしたビートが、堂々と起用されている。

　ということは、シンコペーションの嵐のような打ち込みトラックの上に、どのようにして日本語の歌を載せるのかが芸の見せどころになる訳だが、まず基本的にいってそれはなかなか無理のあることといわねばならない。

　ここで小柳ゆきはやっかいな作業に挑戦してみせた。歌詞を書き、ヴォーカルアレンジにまで手を染めているのである。

　逆にいえば、それが出来なければ『HIT　ON』のような曲は自分のものにならない。メロディとリズムの関係の正確な把握が歌いこなす絶対条件となるからだ。

　いずれにせよ、パズルを解くに等しいコトバのはめ込みを、小柳ゆきはよくこなしたと思う。

　もとより日本語向きでない作りの曲である。聴き取りにくい箇所の出るのは仕方がない。それを前提として、内容を伝えることより、肉声とサウンドの器楽的整合性を重視したのだろうが、そうした時にありがちな意味不明ないい回しなしに歌詞をおさめているのである。

　この曲が大ヒットになるかどうかは判らない

が、ここには彼女の前進しようとする強い意志が感じられる。これからもひるまずに、R&B道をきわめてほしいと思った。

元ちとせ。レゲエっぽいノリの、不思議な気分にさせてくれる曲である。じわりじわりと効いてくる。ほどよく幻想的でほどよく臭みがあるせいだろうか?

2002/3/7

15

HIT ON
小柳ゆき(ワーナーミュージック・ジャパン)

作詞/小柳ゆき　作曲・編曲/松原憲
只事じゃない迫力のＰＶが話題の小柳ゆきの11作目。グリコ「フライド」ＣＭソング。まだ21歳っす。

16

ワダツミの木
元ちとせ(エピックレコードジャパン)

作詞・作曲・編曲/上田現
元と書いてハジメと読む。奄美大島出身の元は、奄美民謡大賞を最年少で受賞したこともあるノドの持ち主。元レピッシュの上田現がプロデュース。

きよしのズンドコ節／氷川きよし

ワールズエンド・スーパーノヴァ／くるり

09

『きよしのズンドコ節』にみる歌い方の中の〝グルーヴ〟という核

くるりと氷川きよしという、両極にあるアーティストの新譜を聴き、通底するものを思った。それぞれが醸し出す、ある種の熱さだろうか。この国の音楽を停滞させまいとする意志が具体性を帯びて作品となっている。ジャンルではない。状況に切り込んで行こうとする態度が、二者の音に拮抗して感じられたのだ。これはうれしいことだ。

『きよしのズンドコ節』が、TVから流れてきた時、画面を観ずに他の部屋にいた。誰かがズンドコ節を歌っているな、と思っていた。それにしても何か新しい。気になってTVの前に戻ったら、この人だった訳である。

この曲は、小林旭であり、ドリフである。楽曲イコール歌い手である。おいそれと手出しは出来ぬ。

そこに挑戦をしただけでも大したものだ。しかも演歌では近頃にない大ヒットのあとをどうするのか、という注目のなかでもある。つまり二重の意味で今回のシングルはきびしく比較されてしまう。生半可なものを出せば一発屋で終る危険性をこのズンドコ節は孕(はら)んでいるのである。逆にいえば、コレが成功すれば、その見返りも大きい。

結論からいって、氷川きよしは賭けに勝ったと思う。比較されることによって、それまで見えにくかったものがハッキリとした。デビュー曲は運だけだったかも知れない、と評価を保留していた人達に、まざまざとすごさを知らしめることになったからである。

このシングルで特筆したいのは、アレンジも歌唱も一切奇をてらわず、直球でぶつけてきている点である。

たとえばテンポひとつ取っても、このノンビリした感じは、まったく昔のものだ。いわゆる最近の風潮に、この編曲、そして演奏は一切の色目を使っていない。歌唱もまたしかり。本当にオーソドックスな歌い回しに終始しているのである。

にもかかわらず、述べた通り、最初に耳にした時、得もいえず新しさを覚えたのは、結局、そのスタイルとはうらはらに、なかにあるもの――考え方といってもいい――が活きいきとしていて、それが輝いていたせいである。

この曲には、日本の音楽をもう一度本気で見直した跡がある。棄て去られ葬られてきた、歌謡曲の、歌謡曲にしかない魅力を、今日の視点で再発見しているから、このズンドコ節は新鮮に聴こえる音になっているのだ。

なにより、日本語で歌うことの本来的な快感のつきつめ方にそれは顕著にあらわれている。氷川きよしの歌唱は、王道の演歌を思わせるが、どこか他の先輩方とは違う。グルーヴという概念をその和風のきわみのような歌い方の核にキッチリと持っているからである。そのあったればこそ、このゆるいテンポをドライブさせられるのである。

等々、私がゴチャゴチャいう必要もない。誰も、聴けば氷川きよしがとてつもない可能性を秘めた日本語の歌い手であることを知るだろうと思うからだ。この曲、絶対に買うべしである。

くるりのことを書くスペースがなくなった。スマン。この何が素晴らしいかといって、一般のディスコと違う文脈のなかでキック四つ打ちと日本語をつなげて今までにない印象の音を作りあげた。コレも絶対に買うべし!!

2002/3/14

17

きよしのズンドコ節
氷川きよし(コロムビアミュージックエンタテインメント)

作詞／松井由利夫　作曲／水森英夫
編曲／伊戸のりお
河村隆一手掛ける『きよしこの夜』(別名義)に続く新曲。ゴージャスなバンド演奏が歌唱力をさらに際立たせた。

18

ワールズエンド・スーパーノヴァ
くるり(ビクターエンタテインメント)

作詞・作曲／岸田繁　編曲／くるり
ギター加入で4人となった新生くるりの第1弾シングル。凝ったC/W曲にも注目！　その後ドラムが脱退し現在3人。

すっごいね!／THEつんくビ♂ト
恋の歌謡日／ゆず

10

『すっごいね!』の中に見るつんく独自のビートルズ論

楽器によっては、音色そのものが記号的な力を強く持つ場合がある。銅鑼(どら)などは良い例だ。では弾き方はどうか。フラメンコギターを思い浮かべれば、やはりいくつかのスタイルには背景や匂いのひきはがせないもののあるのが判るだろう。

つんくの新バンドのデビュー曲『すっごいね!』を聴きながら、ふとそんなことを考えた。この曲のイントロは、頭に一瞬サンプリングっぽい飾りのあと、ギターのカッティングをメインに始まるのだが、ちょっとインド経験からあとのジョージ・ハリスンの趣がある。ストロークの感じ、そしてワンコードのひびきもあいまって、何とはうまくいえぬが、喚起させられるものがある。エスニックとはいかないまでも、つんくの普段作っている歌謡曲的なポップスとは明らかに生活圏の違う音なのである。

それで、このバンドが楽しみになった。けっこう趣味を前面に出したものかも知れないと思ったのだ。このイントロにはいい具合にプライベートな気分がただよっている。

とか何とか考えるヒマもあらばこそ、あっという間に歌が始まった。そしたら、3小節目でもうアタマがクラクラした。

先ほど、イントロに喚起させられたといった。喚起させられたばかりのところを突然コードがガーンとものすごくイージーな展開をしてくれたのである。私の頭のなかでは、少なくとも8小節ぐらいはイントロと同じワンコードが続くと信じていたのだ。予測がつかぬことは嬉しい。

この場合、どう考えても確信犯だと思う。あのイントロから、この初めてギターで作曲をした人がやるようなコードの変わり方という流れ。効果をねらったに決まっている。実際効果はあった。説明出来ないが、今まで聴いたことのないような、ヘンテコリンな快感が襲ってきたのである。ねじれてるっていう感じかしら。いや、マジでお見事と思った。

いつもながらつんくは、ダサさの一歩手前にある危ない魅力の花園とでもいうべき場所で寸止めを決めてくれる。

という訳ですっかり曲につかまってしまった。あらためてこの人の音楽的な運動神経にノックアウトされたのである。

しかし、この歌い出しのメロディに覚えがある。あ、そうだ、ビートルズの『She Loves You』じゃないか!! 何とまァあの有名な旋律を和風に組み立て直したものか。

そうやって聴けば聴くほどこの『すっごいね!』は真面目にふざけて作られたものだということが見えてくる。そして、もうひとつ見えてくるのは、曲全体がつんくのビートルズ論になっていることだった。

オレにはビートルズは、こう見えるんだ、といわんばかり、ビートルズだけにあって他にはない「意味」を、つんくは自分のスタイルで再現しているのである。

あの歌い出しのクラクラ来た感じ。あとになって思えば、ビートルズを最初に聴いた時とそっくりなのである。コレは楽しい曲だった。そしてすなおに良い曲であったこともつけ加えておきたい。まいった。

この曲のあとのゆずは、ふざけが物足りなく思えて……。

2002/3/21

19

すっごいね!

THEつんくビ♂ト（ZETIMA）

作詞・作曲／つんく　編曲／THEつんくビ♂ト
シャ乱Qを休業中のつんくが結成した新バンドのデビュー曲。メンバーはアマ時代からの仲間が中心。

20

恋の歌謡日
ゆず（SENHA&Co.）

作詞・作曲／北川悠仁　編曲／寺岡呼人 ゆず
『アゲイン2』から時をおかずに出たチューン。「ベンチャーズ歌謡」サウンドを大胆に導入。

幸せについて本気出して考えてみた／ポルノグラフィティ

ONE SURVIVE／中島美嘉

11

ポルノの歌詞は、絵空事と「本当」の境い目に漂う

『サウダージ』がヒットしてから中南米フォルクローレサウンドのイメージが強かったポルノグラフィティだが、新作はガラリと趣が変わった。

かなりのアップテンポで始まった『幸せについて本気出して考えてみた』のイントロは、パっと聴いただけで口ずさめそうで、というかどこかで覚えのある旋律である。何かと考えたらシカゴ(トランジット・オーソリティとたしかその時は長い名前だったと思う)のデビュー曲である『クエスチョンズ67&68』の歌い出しに似ている。勿論、文脈的には全く違うものではあるが、あの気持良さがあるのだ。それプラス、アレンジにストリングスが効果的に用いられている。こちらは、また別のものを何となく思い出させてくれる。初期のデビッド・ボウイ等のプロデュースで名高いトニー・ヴィスコンティの仕事である。という意味で、このイントロは黄金期米英ロックのハイブリッドともいえる構造になっている訳であるが、結果的に違和感があるどころか大変魅力的な曲への導入となって、しかも彼等らしさの大枠のなかで展開も感じさせてくれて、なかなかたのもしい。ポップスでは、過去からの引用は、それがどのようにこなれているか、また勢いがあるか、といったことで全く印象が違ってくる。要は生まれ変わって

いれば良いのであるが、ここでは見事、ポルノグラフィティであることが主役の音となっているのである。

そう感じさせるのは、歌に入った途端に転調がある。この流れがイントロの切なさをうまく断ち切ってくれていることも大きい。いい導入だといったのはそのことでもある。

とはいいつつ、よく聴くとこの曲はやはりデビッド・ボウイ好きな人の作ったものらしいことが随所でうかがえる。殊に中サビのオクターヴユニゾンのハモリ等でニヤリとさせられる訳だが、コレも今となっては懐かしいテクニックの蔵出しタイミングが絶妙というか、古臭く思わせぬ。

曲の新鮮さの大いなる牽引力となっているのは、コトバである。相変わらず彼等の歌詞には、無理のない新しさと、世代にふさわしい視点がある。何より思うのは、たしかに甘ずっぱい感触はあるものの、そこに酔っていないことの見受けられる点で、例えば〽幸せについて本気出して考えてみたら／いつでも同じ所に行きつくのさ　というくだりがあって、普通ならイージーに〝二人が愛しあっているから〟みたいなことに落ち着きがちである。それが〽後で答え合せしよう　少しはあってるかなぁ？　となる。こんなことで曲の持つ世界観はガラリと変わる。この現実での男女の光景を、さりげなくロマンチックな質感のなかでクールに、この詞は描いているのである。

あくまでポップスが夢を歌うものだとしても、

その夢にはリアリティが欲しい。歌い方も含めて、ポルノグラフィティは、歌詞を絵空事と本当の境い目あたりに漂わせるのが上手だと、あらためて思った次第である。

2002/3/28

中島美嘉。デビュー作の時から、大きな歌のうたえる人だと思っていた。今作でもハウスビートをゆったりと捉えて安心して聴ける仕上がりとなっている。変にシブくならぬことを願う。

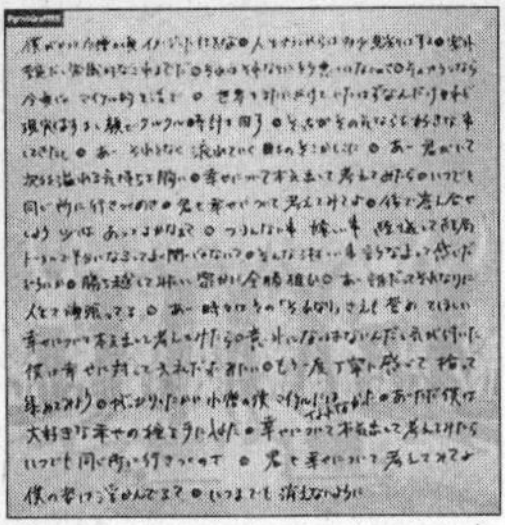

21

幸せについて本気出して考えてみた
ポルノグラフィティ（ソニーレコード）

作詞／新藤晴一　作曲／Tama　編曲／ak.homma　ポルノグラフィティ
ポルノグラフィティの2002年最初の曲。

22

ONE SURVIVE
中島美嘉（ソニー・ミュージックアソシエイテッドレコーズ）

作詞／吉田美奈子　作曲／T2ya　編曲／オーダッシュ
デビュー曲『STARS』の大ヒット以降注目を集める中島美嘉。第３弾シングルはハウスサウンド！

2002年1月14日付～2002年1月28日付オリコン調べ

1

順位	得点	作品名 アーティスト	発売日	最高順位
1	417,070	君が好き Mr. Children	14.1.1	1
2	220,380	愛のうた ストロベリー・フラワー	13.12.6	2
3	160,470	traveling 宇多田ヒカル	13.11.28	3
4	131,780	a song is born 浜崎あゆみ＆KEIKO	13.12.12	4
5	123,940	ミニハムずの愛の唄 ミニハムず	13.12.5	5
6	111,480	Winter Bells 倉木麻衣	14.1.17	1
7	92,390	ALWAYS（A SONG FOR LOVE） J-FRIENDS	13.12.19	6
8	80,700	白い恋人達 桑田佳祐	13.10.24	7
9	80,660	So Tell Me Heartsdales	13.12.19	8
10	77,340	SAMURAI DRIVE hitomi	14.1.9	3

Monthly Ranking

月間ベストセラー順位表

2

2002年2月4日付～2002年2月25日付オリコン調べ

順位	得点	作品名 アーティスト	発売日	最高順位
1	683,510	Life goes on Dragon Ash	14.1.23	1
2	284,120	a Day in Our Life 嵐	14.2.6	1
3	225,430	ミニモニ。ひなまつり！／ミニ。ストロベリ～パイ ミニモニ。	14.1.30	2
4	169,240	桃色片想い 松浦亜弥	14.2.6	2
5	150,560	果てなく続くストーリー MISIA	14.1.30	3
6	130,860	Winter Bells 倉木麻衣	14.1.17	2
7	129,110	LISTEN TO MY HEART BoA	14.1.17	5
8	111,200	アゲイン2 ゆず	14.2.13	1
9	110,820	二人のアカボシ キンモクセイ	14.1.9	10
10	109,390	マルシェ KICK THE CAN CREW	14.1.23	9

3

2002年3月4日付～2002年3月25日付オリコン調べ

順位	得点	作品名 アーティスト	発売日	最高順位
1	631,920	Way of Difference GLAY	14.2.27	1
2	404,910	そうだ！We're ALIVE モーニング娘。	14.2.20	1
3	239,010	FANTASISTA Dragon Ash	14.3.6	1
4	181,060	恋の歌謡日 ゆず	14.2.20	3
5	171,720	トモダチ ケツメイシ	14.2.20	5
6	168,440	キラキラ 小田和正	14.2.27	3
7	166,340	try your emotion w-inds.	14.2.20	2
8	162,820	ワダツミの木 元ちとせ	14.2.6	5
9	151,030	Daybreak（30万枚完全限定生産） 浜崎あゆみ	14.3.6	2
10	131,570	SHALLOW SLEEP hyde	14.2.27	2

mitsuko

Harold

美しく燃える森／東京スカパラダイスオーケストラ

Bonus Track

スカパラが喰えるようになった奇跡と努力

ゲストヴォーカル三部作のトリは奥田民生である。

この『美しく燃える森』で最初思うのは、奥田民生の歌いっぷりの、いつもに増して男らしいことで、それがホーンの力強さとあいまって、何ともいえぬ人を勇気づけるような音楽になっている。

しかし、この曲の持つポジティヴな雰囲気は、そうした演奏や歌から来るものだけではない気がする。スカパラの今日までに積み上げてきた歴史、その説得力と大いに関係があるのではないか。

思えば、スカパラも本当にけわしい道を歩んできた。まず大所帯である。それだけでも継続はかなり大変なものになる。その上、メンバーの思いもかけぬ死を二回も経験しているのだ。

音以前の問題である。普通ならばどこかでめげていてもおかしくない。

そして、音の話だが、彼等はある意味Jポップとは一線を画した場所で音を出している。基本的にマニアックなスタンスを守り続けているのだ。更にいうならば、誰かひとりものすごくカリスマ性があるとか、そういう人達でもない。CDだって、ある時期まではセールス的にけっこうきびしかったハズだ。

そうした〝人生〟のようなものが、スカパラほどいい具合に音に反映されたグループは他にない、というより、このようなバンドが、このように最終的にちゃんと喰えるような存在になったことがそもそも、落ちついて考えてみれば奇跡なのである。

他人から見れば奇跡、しかし本人達にとっては、それは地道な努力の結果でしかない。

にもかかわらず、スカパラの音には変な重みがないところがすごい、と私は、久々にスカパラをちゃんと聴いてそう思った。

もしかして、彼等のそうした背景を知らなければ、別の聴こえ方もあるかも知れないが……。

とにかく、奥田民生のなかにある、男の部分にスカパラが火をつけたのは間違いない。ウワーこのバンドやっぱカッコいい！　そういう思いが声に出ている。

それにしてもすごいと思うのは、スカパラは、誰と組もうがスカパラの音だということだ。かといって常にゲストをちゃんと立てている。何かバンドでゲストをおもてなししているような感じ。もてなされて奥田民生もそれ以上のものを返してる。

いや、ここでの奥田民生は、本当にいい。多分、自分のソロでは照れてしまって出来ないことも、およばれなら出来る。そんな感じで、堂々の二枚目ぶりを発揮しているのである。

これからも、スカパラは、おもてなしとおよばれのコラボレーションを、どんどんやってほしい。皆、一緒にやった人達は、そこで、あらたな何かを発見するに違いないと思うからだ。

この先、どんな相手がいいかな、なんて考えてみると、色々な人が頭に浮かぶ。筆頭は（前にもいったことがあった気もするが）ジャニーズ系、わけてもSMAP。すごーく相性がいいと思うんですけど。

C/Wの曲は、一曲はバリバリのスカで、もう一曲はアンビエントっぽいインストで、そんな幅の出し方もますます自然になってきた。いいなア、スカパラのメンバーは、しあわせだよね。

Bonus Track

BonusTrack1

美しく燃える森
東京スカパラダイスオーケストラ(カッティング・エッジ)

作詞／谷中敦　作曲／川上つよし　編曲／東京スカパラダイスオーケストラ
キリンビール「キリンチューハイ氷結果汁」ＣＭソング。オリジナル・ラヴの田島貴男、ミッシェル・ガン・エレファントのチバユウスケに続く、「歌ものシングル」三部作のトリ。

SANPEI DAYS／三瓶

Bonus Track

DJの作る音楽の方が説得力を持つ理由

果たして三瓶という芸人がどれほどの才能の持ち主なのか、全体TVを観ていて今の〝お笑い〟を全然楽しめない私には、もとより判断もつきかねるのだが、ひとつだけいえることがある。この『SANPEI　DAYS』は悪くない。

これを最初に聴いたのは、朝のワイドショーのなかだった。曲発表のイベントがフィルムで簡単に紹介されて、肝腎の音はというと、いつものことながらのBGM扱いであったにもかかわらず、その小さく流れる音が妙に気になった。

普通、この手の企画物はホットな印象に作るのが筋だろう。それが『SANPEI　DAYS』は違った。淡々とした盛り上がりに欠けるビートがずーっと続く。冷めているのだ。

その冷め方が気持ちいい。冷めていても躍動感がある。というより、ちゃんとしたテクノのグルーヴになっている。知っている人が作らなければ、こうはならない音なのである。

そのクールなトラックの上にメロディとも語りともつかない声が載っていて、これがサウンドとしても合っている。

〽アイアム　ジャパニーズ　三瓶です　というフレーズが耳について離れなくなってしまった。DJが現場で使える、飽きの来ないくりかえし。一体誰がこの曲を作っているのか。どうしても知りたくてＣＤをチェックすることにした。

あらためて聴くと、イントロからかなり本格的な音である。音色といい、テンポといい、ミニマルなシーケンスの作りといい、テクノらしさにあふれている。こうした、ダンスミュージックの場合、らしさが欠けていると人は踊る気にならない。いくら優秀なミュージシャンでも、そのあたりのニュアンスのつかめない人は多い。

その、らしさというものが何に起因するのか、私にもうまくいえない。だが、それは現場でつかむしかないもの、ということだけはハッキリしている。

今、ＤＪの作る音楽の方が説得力を持つのはそのことを証明しているだろう。なにしろ彼等の場合、楽器を弾けない人の方が多いのだから。

話はそれるが、私がミュージシャンよりＤＪにどうしても肩入れしたくなるのはそこなのだ。つまり、ＤＪ達の方が絶対に肉体的、かつ直感的にグルーヴというものをとらえていると思うのである。

これは音楽家に限らず、ミキサー／エンジニアにも同じことがいえて、最高の技術を持っていても、踊り出したくなるようなミックスが出来る訳ではない。ＤＪ達のミックスのポイントは自分が踊りたくなるかどうか、一日中スタジオにこもって仕事をしているような状況では、そのポイントは見えないと思うのだ。

さて、この楽曲の作曲者であるが、クレジットをチェックするとＤＪ　ＴＡＳＡＫＡとある。やっぱり本物のＤＪの作品だった。

それにしても、自分のテリトリーのなかに三瓶のキャラクターを、実にすんなりと収めたものだ。あのテイ・トウワでさえ、吉本のタレントの曲をやる時はかなり自分を殺していたというのに。あっぱれだと思った。

Bonus Track

BonusTrack2

SANPEI DAYS
三瓶（ポニーキャニオン）

作詞／高須光聖　作曲／DJ　TASAKA
編曲／DJ TASAKA　HIDEAKI KIJIMA
吉本期待の新人、メジャーデビューシングル。フジテレビ系『BACK-UP!』から生まれた企画物。

UNSTOPPABLE／キングギドラ

Bonus Track

このライムじゃ意味が判んない、キングギドラ

このキングギドラの『UNSTOPPABLE』を聴いていると、まず感じるのは、何だかヤバそうな気配である。

それはイントロが終り〽UNSTOPPABLE と入ってくるコーラスが、すごみのあるダミ声だということが大きく関係していて、こんな声の人達はきっとケンカも強いに違いない。かかわり合いになっちゃ大変、という雰囲気を、ラップの始まる前からうまく醸し出していると思った。

ダークなイメージといえば、彼等は実際に歌詞のことで市民団体から抗議を受けたりしたこともある。

それは記事で知ったのだが、たしかに問題となった表現はいささか性差別的なものであった。

性差別に関してより、その時気になったのは、その差別感が案外保守的なものだったことだ。例えば男性男性愛者などのとらえ方がひと昔前のワスプのようなのである。すごく類型的。

いずれにせよ、そうしたコトバの向けられた先にいる人達に、ケンカを売っている訳でもない。単にゴロ合わせ、勢いでやってしまったのだと思うが、コトバのプロを標榜するのであれば、ひとことひとことに受け手の存在を意識しなければマズい。カッコつけだけでおどかしのようなコトバを多用するのは子供っぽ過ぎると

思うのだ。

話がそれた。この『UNSTOPPABLE』であるが、そういったコトバのことではこの曲でもゴロ合わせに、意味のついていかないところも何箇所かあって、メッセージというかテーマというか、今ひとつ何についての歌詞なのか見えにくいところもあるのだが、私が日本語の全く判らない人間だったら、声を含めて、このトラックはきっと、なかなかカッコいいと思う。

冒頭に述べたように、雰囲気というものがこの曲にはあるのだ。そして、ラップの口調に、運動神経の良さみたいなものが感じられる。バックトラックのリズムに対し、肉声が時に打楽器的に、時にダンスをするように、有機的な反応を見せるから、全体が、ある重さをキープしながら前に進んでゆく。こわもてが街を徘徊するような緊張感がキングギドラの音楽にはある。これは魅力だと思う。

とはいえ、やはり歌詞のことがどうしても気になってしまう。〝UNSTOPPABLE 何使ったって止めらんねえ というのは、メッセージととるのが自然である。だとして、その止められぬのが一体何なのか、歌詞カードを読んでも一向に見えて来ないのだ。

おそらく〝テーマはもう人間対マシーン ということなのだろうが、それと別に〝どこも英雄づら権利だけ なんてのもあって、まア、世のなかヤバイよ、でも止められない、ぐらいの話だとしても、話の本筋と関係ないコトバがいっぱいあり過ぎる。

だって、これだけ威圧的なんだよ。だったら、もう少しいってることをストレートなものにしてほしい。

〽聴きゃわかるだろ事の善悪が　っていわれても、このライムじゃ判んねェわよ。普通のしゃべって判るコトバにしてくれ。頼むよ、オレ頭悪いんだから。

Bonus Track

BonusTrack3

UNSTOPPABLE
キングギドラ（DefSTAR RECORDS）

作詞／ZEEBRA　K DUB SHINE　作曲・編曲／DJ OASIS
ZEEBRA、K DUB SHINE、DJ OASISの3人で93年に結成。本作はアルバム『最終兵器』にも収録された。他の曲も『公開処刑』『真実の爆弾』など、おっかないタイトルが並ぶ。

あきらめましょう／華原朋美

Bonus Track

『あきらめましょう』のCM用とフルサイズの差

妙に耳に残るメロディというかフレーズというか、そういうものがある。この〽あきらめましょう……なんか、まさに好例だろう。

何のCMか、絵に誰が出ていたのか、どころかCMだったかどうかも思い出せないというのに、気がつくと心のなかでコレを口ずさんでいる、そんな日が続いて、友達に聞くと、誰も私と似たり寄ったりである。「何だっけ？　でも絶対覚えてる」判で押したようにそんな答が返ってくる。

という訳でCMとしての効果の問題はひとまず置くとして、このひとふし、本当に強い。更に強いだけではなく、バックのギターのコードのちょっとした音色や弾き方のセンスが良い、そしてパッパッパラッパーという、あっけらかんとした、ぶらさがりがついていて、これがまた効いている。シンプルさと飾りつけのバランスが、耳をくすぐるのだ。

しばらくして、正体が判ってあらためてCMの音を聴くと、本当にツボを押さえた曲の作りである。一体誰が書いたのか。こんどはそのことが気になりだした。

ある日、近所のコンビニに行くと〽あきらめましょう……と有線から流れてきた。あ、コレCDになってんだ、と思って聴いていたら、少しアレンジが変わったのだろうか、CMよりはインパクトが薄いように思える。そこいら辺、私もCMの音楽は作るのが本当に好きなだけあって、ついつい、何故印象が違って聴こえてきたのか、知らず知らず、立ち読みをしながら分析モードに入ってしまった。

よくよく、何かと気がかりな曲である。で、その時の分析であるが、CDの方では件の〽あきらめましょう……が何度も繰り返される。このリピート、とくにパッパッパラッパーから頭に戻るところのつながりが、今ひとつ生理的にすっきりしない。毎回毎回終止の形になっているので、いちいちそこで曲が止まってしまうように聴こえてくるのである。

おそらく、CMで使用される部分は長尺のバージョンになっても変えないでくれ、という注文があったのではないか。CM用をフルサイズにする時に、よくそのことで無理が出たりするものなのだ。

おっと話がそれはじめた。

何にせよ、述べたような理由で、私としてはCMに比べるとCDバージョンは、ランクが落ちるのだが、それにしても曲自体、一般のJポップとは何か感触が違う。コリャCDをチェックしてみるっきゃねエな。そんな気になった。

あらためて聴く『あきらめましょう』である。

やはりコンビニで聴いた時の印象は変わらなかったが、もうひとつ判ったことがあった。〽あきらめましょう　のパートといわゆる〃ひらうた〃の部分の関連が希薄なのだ。ポップ度に差があり過ぎるといったらいいか。両者、土俵が違う感じがする。それが、曲を面白くする場合もあるが、コレはそうはならなかった、ということである。
結局、チャート的には成功したし、めでたしめでたしではあるのだが、CMだけにしてCD出さないカタチにした方が、キャリア的には粋だったんじゃないでしょうか、朋ちゃん。

Bonus Track

BonusTrack4

あきらめましょう
華原朋美（ワーナーミュージック・ジャパン）

作詞／華原朋美　グ・スーヨン　作曲／木村充揮　編曲／TATOO
ポッカコーポレーション「FIRST DRIP BLACK」CMソング。元憂歌団の木村充揮が作曲を担当した。

カナシミ　ブルー／KinKi Kids

Bonus Track

乙女にはたまらないジャニーズ音楽の真髄＝キンキ

何かのCMかビデオクリップかでこの曲の映像を観た時、二人の動きのシャープさに楽曲の緊張感あるアレンジがピタリと決まっていて、すなおにカッコいいと思った。

いつもはバラエティ的な姿勢の二人が、踊るとたちまち背筋がシャキッと伸びて、別人のようなのだ。

ジャニーズ系の人達に限ったことではないがしかし、この人達の芸はバラエティからアイドルまでの幅の使いようである。

ＫｉｎＫｉ　Ｋｉｄｓは、なかでもそのダイナミクスをうまくつかんでいるグループなのではないか。

つまり、彼等は、なるたけ多くの場で、さまざまな歌う以外の表情を見せている。

同じような意味でＴＯＫＩＯやＶ６も、ダイナミクスある活動を行っているが、こわいのは、アイドルに戻った時、バラエティの残滓（ざんし）をふりはらえなくなる危険性のあることだ。

あくまでアイドルの売るのは夢なのである。歌っている時、他で滑稽なことをやっていたのを思い出させてはダメなのである。

キンキのうまいといったのはそこである。どこからも無理なくピュアなアイドルに戻れる。

ＴＶよりアイドルが彼等のなかでは上位にある、といってもよいが、キンキは〝本業〟に対する意識を自然に強く持っているのではないか。

ジャニーズで人気とCD売り上げに、必ずしも一致しないものがあるのは、この本業意識と大いに関係がある気がする。

キンキは、なぜかファン以外の人でも買う気を起こす、ジャニーズでもめずらしい〝歌が何よりの魅力〟のグループなのではないか。

と、いつまでたっても曲のことが始まらない。いや、ちょっと聴きだしたら、『カナシミ ブルー』が良くて、それであれやこれや、頭に浮かんでしまった。

この曲で一番の価値は、これが他では絶対に作れない、ジャニーズの音であることだ。モダンな骨組のなかに伝統が横たわっている。ジャニーズ独特に進化を遂げた音楽スタイルの、ひとつの真髄といっていいものがここにあるといっていい。

例えばイントロの前につけられた、エッジの効いたシンセの旬なシーケンスの具合が、一気に哀愁のコード進行へと移行する。フォーリーブスと何ら変わらない本質と、最新の考え方の合体は、王道と呼ぶにふさわしい堂々としたたたずまいである。

その上で、ある種チンピラっぽい浅さ、薄さが官能的に実感出来るのが、乙女達にはたまらないのだろうが、天然自然だけではない、ちゃんと楽曲に〝ほっとけない感じ〟を演出していたりするから、この曲はすごい。〽悲しみに……のアクセントなんかは、そのいい例で、このイントネーションで歌うと、何だか胸がキュンとする。少し甘えた感じが出るのだ。

それはそうと、この曲のタイトルを、最初の頃ずーっとカミナリブルーだと思い込んでいて、その方がいいんじゃないか、といまだに思っております。

Bonus Track

BonusTrack5

カナシミ　ブルー
KinKi Kids（ジャニーズ・エンタテイメント）

作詞・作曲／堂島孝平　編曲／CHOK-KAKU
「UCカード」CMソング。デビュー以来、すべてのシングルがオリコン初登場1位となり、ギネスブックの記録を更新。

暴走ロック／SEX MACHINEGUNS

Bonus Track

セックスマシンガンズが"二の線"で行かないのは

はじめて彼等をＴＶで観た日のことが忘れられない。卓抜な演奏力、そして実にバカバカしくも美しくきまったアクション、更におどろかされたのが、その歌われている内容の庶民的で、かつロックスピリットにあふれていたことで、総体として、日本人にとってロックとは一体何なのかを、ここまで浮き彫りにしてくれた男達はいない、と興奮のあまり、立ち尽くしてしまったのだった。

私はライヴも観に行った。ＴＶ以上に素晴らしかった。感動して、勝手に対談までおねがいしてしまった。

そんないきさつがあるから、どうしてもシングル一枚ずつに点がきびしくなってしまう。初期の、例えばこの曲の冒頭にチラリとさわりの流れる『ファミレス・ボンバー』等に比べると、その後の作品は、ちょっと落ちる気がした。

勿論、普通にヘヴィメタとして聴けば充分にカッコいい曲ばかりだったけれど、彼等自身、高いハードルを設定しているのだから、こちらも男として向き合わねば失礼にあたる。

何が、いまひとつだったかというと、やはり歌詞だ。というか視点である。初期に比べるとシャープさがなくなっていったように思えたのである。

さて『暴走ロック』だが、そういった意味で、まだ私の気持を百%満足させてくれる作品とはいえないが、久々に彼等を聴くと、やっぱりオレはこの人達が好きだな、と思ってしまう。

それは、彼等の美学というか、貫くべきものが全く揺らいでいない。自分達の存在の目的に対し、いまだまっすぐに道を進んでいることが、音楽から伝わってくるからだ。

アーティストに一番大切なものは何なのか。色々あるけれど、技術は当然として、それをどのような精神で支えているのか、私はそこだと思っている。SEX MACHINEGUNSは、恐らく世界レベルでも高水準と思われるテクニックを持っているだろうがそのテクニックの使い方が潔いのだ。

もっと、いわゆる〝二の線〟に徹したら、ヴォーカルのAnchangなんて、もともとルックスも色っぽいし、一般的な人気もガンガンにあがるだろうにあくまでも可笑しみを芯にすえた世界での展開以外、手を出そうともしない。

このシングルを聴き、あらためて彼等の志の高さに胸を打たれてしまったのである。

今、マシンガンズが、どのようなポジションにあるのか、それは私には判らない。ただいえるのは、このシングルのパワーは、まだまだ未来に楽しみが待っている、と信ずるに足るものだった、ということだ。

とはいえ、どうなのだろう。一度ぐらい、シャレで、どこからどう見てもカッコ良さだけで出来ているシングルを、そろそろ出しても良いんじゃないか、という気もした。そうしたところで、誰も彼等の軸足がぶれたと思う人はいないハズである。

それはそうと、タワーレコードのCEOが2002年をふり返って個人的に注目するアーティストとして、クレイジーケンバンド、氣志團、そしてSEX MACHINEGUNSを挙げていた。なかなか確かな目をしているな、と思って、タワーレコードがすごく好きになった。

Bonus Track

BonusTrack6

暴走ロック
SEX MACHINEGUNS（東芝EMI）

作詞・作曲／Anchang Noisy 編曲／SEX MACHINEGUNS
ANB系「ワールドプロレスリング」ファイティングミュージック。2003年8月の日本武道館公演で活動休止の予定。

April May June
4 5 6

Kiss you 情熱／上原多香子

Let's Get Together Now／Voices of KOREA/JAPAN

12

状況にしらふだった事が奏功。上原多香子は完全に脱皮した

スピード出の四人を人生ゲーム的に眺めると、上原多香子はコマの進め方がなかなか上手い。

大成功をおさめたグループが解散となりソロ活動に入ることを余儀なくされ、いわば岐路に立たされた時、四人の選んだ道はそれぞれだった。道はそれぞれでも背の荷物は変わらない。皆〝元スピード〟の看板を背負って前に向かわねばならなかった。道の違いはその捉え方の違いである。

上原多香子は重みを殊更に見詰めることをしなかったのだと思う。事を重大にし過ぎなかったといってもよいが、他の三人の踏み出した一歩にはベクトルこそ違えひきずる影があった。

上原多香子は要するに、あの状況にただひとりしらふだった。だから、世間の温度が普通に判った。で、自分の道を決めた。

この人は、いわゆる打って出るというよりは、流されるタイプだろう。ただ、流され方のなかに独特なセンスを持っている。魚でいえば潮に乗る。潮を乗り継ぐ。その見極める本能のようなものが優れているのかも知れない。気がつくとグループ解散からここまでやってきたことがちゃんと彼女の身になっているのだ。

河村隆一と組んだことも、今となってみると貴重なキャリアである。あの一連のつかみどころのない作品群のおかげで、上原多香子は曖昧

な時期を曖昧なままで過ごすことが出来たと同時に、スピード時代とは別のアングルで自己の音楽を考えざるを得なかった。いい具合に複雑さをあそこで体得したことは大きかったと思うのである。

と、そんなことが頭に浮かんだのはこの『Kiss you 情熱』がとても示唆的だったからだ。なによりこんな上原多香子を聴いたことがない。スピードでもソロでもコレと似た彼女の歌はひとつもなかったと思う。しかし聴けばうなずける。たしかに彼女である。

曲はユーロビートである。ということは、ややもするとスピードの香りがしそうだが、それがゼロなのだ。

見事ではないか。ある意味グループ時代と近い音楽が、ここでは全く新しいイメージとなって、なにしろ絶対的にスピードに勝っているのである。

本当にこの曲での彼女の変貌ぶりにはびっくりさせられた。上原多香子は完全に脱皮した。今思えば、スピード時代は幼虫、河村隆一と組んだ頃は蛹(さなぎ)だったということか。あるいはあひるの子が白鳥になった。どちらにせよ、この人が昔より輝いていることは間違いない。

それはそうと、今回の楽曲を書いているT2yaという人、あちこちでクレジットされているのを見掛けるが、相当に達者な作家である。どんな出身なのか気になっている。例によって不勉強で私が知らないだけの可能性も高いが……。

もう一枚は、ワールドカップの公式テーマ曲。これが案外サッカー感のない曲調で、どころかそもそもが全然スポーツっぽくないのである。どちらかというと遊び人の集う場所が似合う。

スタジアムとかでこの曲が鳴っている光景が想像しにくいのである。どこか楽曲に黒服のイメージが漂っているせいでしょうか。でも良い曲。

2002/4/4

23

Kiss you 情熱
上原多香子（SONIC GROOVE）

作詞・作曲・編曲／T2ya
約1年ぶりの新曲はユーロビート。ドラマ「ナースマン」（NTV系）に看護婦役で出演した。

24

Let's Get Together Now
Voices of KOREA/JAPAN
（DefSTAR RECORDS）

作詞／SAWAMOTO YOSHIMITSU MATSUO KIYOSHI LENA PARK KIM HYUNG SUK 作曲／KAWAGUCHI DAISUKE KIM HYUNG SUK 編曲／KIM HYUNG SUK
W杯公式ソング。ケミストリーを含む日韓二組ずつのアーティストが参加。

NUM－AMI－DABUTZ／NUMBER GIRL

花になる／奥田民生

13

NUMBER GIRLにGSの香りがするワケ

いつも思うのだが、NUMBER　GIRLにはほのかにGSの香りがするのだ。パッと聴くとこのアバンギャルドともいえる世界とグループサウンズに接点などないようにも思える。なのにどうしてなのか。

それは多分、彼等の音のなかに日本のエレキを感ずるからである。

今日の、つまりJポップでくくられるようになってからの我が国のロックと、かつてのGSの間には目に見えない溝があると私は常々考えていた。今回のNUMBER　GIRLのイントロを聴いた時、その溝のことが少しだけ見えた気がした。

陰翳といったらよいだろうか。昔のGSのギターはカッコ良さに悲しみが編み込まれていた。楽器というにとどまらない、もっとやけっぱちな何かをあらわすための道具。音楽をやりたいという動機だけでは片付けられないものがあって、はじめてあのようなGSの音が出来上がっていった。オートバイが単に乗り物であったなら決して暴走族は生まれてこなかった、というのと同じ事情がGSのエレキにはあったのではなかったか。

それが証拠に、あの時代、多くの学校ではエレキを禁じ、NHKはGSを否定した。GSのエレキにはどうしようもなく若者をネガティヴな世界へ導いてしまう暗い輝きがあったのである。

GSになりたい、エレキを弾きたいといった時、世の親はまず猛反対した。GSになるとは音楽家になることではなく、エレキを弾くとは楽器を弾くことではない。親にとってそれは、我が子が渡世人になりたいといったのと同じである。凶器が欲しいといったのと同じだった。

ひるがえって、今のエレキギターは単に楽器で扱う人はミュージシャン。それだけだ。いかに迫力のあるサウンドが鳴っていようとすべてお天道さまのもとのことになってしまった。

あの時代、エレキは闇のなかから聴こえてきたのである。GSの人はドスをのむようにエレキをにぎっていたのである。

NUMBER GIRLのエレキの音には、いってみれば任侠的な趣がある。GSの香りとはそのことである。ここで聴くことの出来るのはエレキギターによる仁義なのだ。

といって誤解してほしくない。この『NUM-AMI-DABUTZ』にしろ、そうした香りのすることと音そのものの時代性は別の話である。彼等が面白いのは、心のなかのエレキの置かれている場所の古風さが、かえってこの時代を音で切り取ろうとする時に、ラグやロスを少なくする方向で機能している点なのだ。つまり彼等のエレキに対する認識がただ楽器ということにとどまらぬ。そのことが強くあるから、作られたものもただ音楽といって片付ける訳にゆかない問題をかかえ込む。ポップスのフォーマットでは収まり切らない現実のエグみ等を、彼等のエレキは強引に楽曲のなかでスパークさせてしまうのである。いつの世にもそういった印象を人に与える音楽をロックと呼ぶのではないか、と私は思う。

2002/4/11

奥田民生のことを書くスペースが無くなった。手短かにいう。この人がきわだって聴こえるのは、要するに言語感覚がきわだっているからである。コレを聴き、改めてそう強く思った。

25

NUM AMI DABUTZ
NUMBER GIRL（東芝EMI）

作詞・作曲／向井秀徳　編曲／NUMBER GIRL
アルバム『NUM－HEAVY METALLIC』に先駆け出された。昨年末に残念ながら解散、現在Vo向井は無戒と改名。

26

花になる
奥田民生（ソニーレコード）

作詞・作曲／奥田民生
スカパラと共演の『美しく燃える森』に続くシングル。C／Wは『監獄ロック』と『悲しくてやりきれない』。

光／宇多田ヒカル

a tomorrowsong／Skoop On Somebody

14

自分のなかの不安をいつくしみたくなる、「声」の魅力

前作のドライヴ感のある曲調が面白かった宇多田ヒカルだが、今回はちょっと違った方向を向いて、踊るというよりは聴くタイプのナンバーである。

曲はイントロもなく歌から始まる。この歌い出し第一声でもう宇多田ヒカルと判る。すっかりこの人の声が我々の耳に定着してしまっていることを、あらためて知らされる。

そういえば彼女の声というものはデビュー以来あまり変わっていない。歌い方もそうだ。

勿論、作家としての宇多田ヒカルの魅力もあるけれど、この曲で思ったのは、彼女が支持されている大きな理由が声そのものにある。歌う曲に関係なくこの人は聴くものの胸に悲しみとも喜びともつかぬ感情をわき起こす力を持っているということである。

つまり、結論のない気分にさせる声の持ち主だ。そしてその気分とは、恋愛中の状態と似ている。宇多田ヒカルを聴いていると、自分のなかの不安をいつくしみたくなる、といってもいいがどちらにせよ、彼女の歌声は、ほどよくやり切れなさにひたらせてくれる。そこがこの人の強みである。

この新曲は『光』というタイトルである。しかしイメージは明るくない。知り合い、まァうまくいっているカップルの話なのだが、その関

係において両者に微妙な温度差がある。そのあたりを説明的にではなく、行間のニュアンスで匂わせている。例えば〈未来はずっと先だよ　みたいなセリフを使って、相手が若干引きぎみな様子を、うまく出している。そうして、聴いてゆくと、光というのが実はかすかな希望の意味だったのかも知れない、といった思いにもさせられてくるのであるが、それは深読みのし過ぎかなとも思う。

多分、実際に誰かに夢中になっている時も、そのように色々と考えてしまうものだろう。この歌詞からは結局二人の本当のところは判らない。

そのもどかしさと、彼女の声のもどかしさがいい具合に混ざり合って、この音楽は出来上がっているのである。

ただ、別のもどかしさもある。曲のスタイルがそれほど特徴的ではない。たしかに歌が始まりしばらくして突然のブレークがあったりと、工夫もされているのだが『光』ってどんなサウンド？　といわれると、普通としか答えにくいのである。前作がその点でハッキリしたものを持っていただけにちと惜しかった。

あるいは、そうしたことの追求はＤｅｆＪａｍレコードでやり、ドメスチックなマーケットにはそれに見合ったものを出してゆく、ということなのかも知れないが……。どうなんでしょうか。この曲からそれが読み切れないのが私にはもどかしいのである。

Ｓｋｏｏｐ　Ｏｎ　Ｓｏｍｅｂｏｄｙの新曲はシンプルなＲ＆Ｂで、テンポなど、なかなか気持がいい。最近は皆当たり前にこうしたグルーヴ感のあるトラックを作るようになった。

そうなってくると、求められるのはどうしても個性ということになる。この曲、良く出来ているし、歌も見事なハーモニーだし、問題点はどこにもないんだけど、同じような人達が他にも沢山いるような気がしてしまう。何かひとクセ欲しいよなア……。

2002/4/18

27

光
宇多田ヒカル（東芝EMI）

作詞・作曲／宇多田ヒカル　編曲／宇多田ヒカル　河野圭
ヒップホップの名門レーベルから本格的全米デビューの予定。ゲームソフト「キングダム　ハーツ」テーマ曲。

28

a tomorrowsong
Skoop On Somebody（ソニーレコード）

作詞／松尾潔　S.O.S.　作曲・編曲／Face 2 fAKE
C/W曲は往年のソフトロックグループ赤い鳥の名曲『翼をください』をカヴァーしている。

FUNKASTIC／RIP SLYME

プリズム／YUKI

15

この音は、判ってるヤツが作っている音である

このＲＩＰ　ＳＬＹＭＥの新曲は、なかなかカッコいい。

ある意味では私なんかには懐かしきビートである。リズムの基本になる部分は決して新しいものではない。昔、私ハコバンをやってました。ハコバンって判りますよねェ。ディスコのバンドです。その頃こういうノリの曲をよくやっていた。それを思い出すんであるが、きっと若い人達には新鮮なのだろう。私はもう飽きちゃって出来ないが。

で、そんな、いわゆるＪＢ的なファンキーさについていうと、コレはどうしても時代を背負ってしまっていて、お手軽にらしさを出すためには便利でも今の楽曲に取り入れると単にセンス悪く聴こえて終ってしまうことが多い。コワイものなんですね。『ＦＵＮＫＡＳＴＩＣ』を聴いてエライと思ったのはそこである。耳が古く感じないのだ。

多分、本人達のこだわりもその一点、つまり懐かしさが古臭さにつながっていやしないか、ではなかったか。命かけて見きわめたって気がする。

何故このトラックが２００２年の音で、決してレトロなファンクとはどこか違う効果をリスナーのボディにもたらすのか。考えてみれば不思議である。もしかしたら往年の楽曲からサンプリングされた音で出来ているかもしれないと

いうのにだ。

バランスなのだと思う。ひとつひとつの鳴っている音の音量、音質、タイミング、そして定位のバランスというものは、ほんのわずかの違いで、実は全体の印象を大きく変えてしまうほどやっかいでもあり面白いものなのである。特に人の腰を動かす音楽の場合、楽曲自体の優劣以上にバランスは重要となってくる。極言すれば、ダンスミュージック全般、バランス以外はどうでも良い。極言ですが。

この『FUNKASTIC』は要するに「バランスである」という主張を音にした。そういう音楽なのだと思う。このバランスがきっとリスナーにはフレッシュに聴こえるハズだと。

なんて書くと、ちょっとCD買ってみたくなるでしょう？


話はそれるが、大体、この頁を読んでる人達って曲聴いたりしてるのかネ？ コレ読んで知ったかぶりのネタにしようとか思ってるだけなんじゃねエの？

今週は自分でも文体がいつもと違う気がしますが、担当者が替わったので、私も気分をリフレッシュしようと思って、こうなりました。イヤ、それもあるがこのRIP SLYMEの新曲の力であります。ホントにファンカスティックな気分にさせてくれる。

とにかく、この音は、判ってるヤツが作っている音である。それで十分ではないでしょうか。

YUKIのソロ第二弾が出た。バンドからソロになると、つまんなくなる人が多いなかで、彼女は前より見ていて面白い。というか、今の彼女はバンド時代のように子供っぽくない。このロック的でかつ社会人的な成長は日本のシーンにおいては希有といってもよいのではないか。いい女の気配と、ミュージシャンらしさ、その二つの、それこそバランスである。とんがっていてうるおいがある。この感じだと、これからが楽しみである。年齢の積み重ねがハンディキャップにならないイメージが、今のＹＵＫＩにはあるんだよね。

2002/4/25

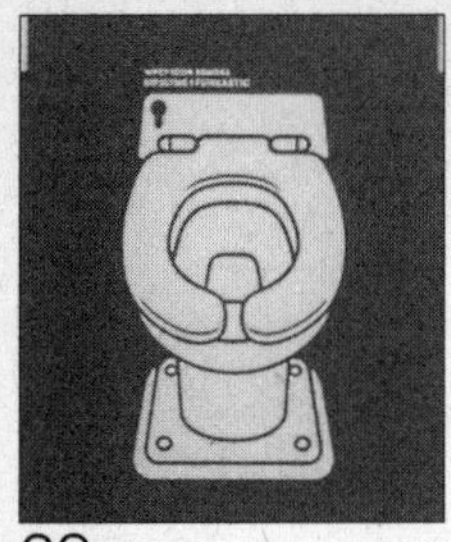

29

FUNKASTIC
RIP SLYME（ワーナーミュージック・ジャパン）

作詞／RYO－Z ILMARI PES SU 作曲／DJ FUMIYA
４枚目シングル。メンバーはRYO－Z、SU、FUMIYA、PES、ILMARI。

30

プリズム
YUKI（エピックレコードジャパン）

作詞／YUKI 作曲／Andy Sturmer 編曲／Andy Sturmer ジョン・フィールズ
JUDY AND MARY解散後、元真心ブラザーズのYO-KINGと結婚。現在産休中。ドラムで作曲(?!)するのが得意だとか。

OVER THE RAINBOW/INSPIRED FROM RED & BLUE／globe

イムジン河／ザ・フォーク・クルセダーズ

16

上手く出来た無国籍料理？　トランスとTKの融合

今度のｇｌｏｂｅには妙な軽さがある。小室哲哉がトランスから得たものが何なのかは判らないが、この曲で見えた景色は一時期と違って寒々しさがない。ひとつ魂が解放されたようなところがあるのだ。が、何故か明るくはない。それが妙なのだろうか。同じ四つ打ちキックの曲でもユーロビート的なものを作っていた時代にはなかった軽さがあるのだ。

歌詞のことはひとまず置きサウンドだが、面白いと思ったのはトランス（といってもそのなかのあるセグメント）お約束の要素を随所に取り入れようと、どうしてもトランスであることよりTKであることの勝ってしまう音になっていることである。

これはR＆Bをやっていた時も、その前も、とにかく一貫している。何をやってもTKの音はTKというジャンルでしかくくれない。トランスはどうなのかと思っていたら、やはり状況は一緒だった。業の強い人である。

ただ、マッチングというか、結果独特な音楽となったにせよ、小室哲哉とトランスの相性はR＆Bの場合のように水と油ではなく、いい具合に融合しているようにも思える。上手く出来上がった無国籍料理みたいな、ちょっとあやしいけどおいしい味になっているのだ。妙な軽さの原因のひとつは、このサウンドテイストにあると思う。

しかし、それ以上に歌詞だろう。KEIKOに「僕」の一人称で歌わせていることからも判るようにこれは当然TK氏本人の心のつづられたものだろう。その基本的なありようは、こちらも業の人ですから相変わらずだとしても、いいまわしが、あるいは表現が、どことなくおだやかになっているのである。自分にいい聞かせてる感じが減ったということでしょうかネ。

かなりビミョーなところですが、ちょいと飄々としてきた。

KEIKOの歌唱にも当然それが反映される訳で、今回の彼女の歌いっぷりには以前ほど決意のようなものが感じられない。多分、一番表面的な意味で、妙に軽く思えるのは彼女の歌なのだろう。

小室哲哉に限らず、今の時代に歌詞で売れている人は、自分のことを書き世間一般のことととして通用させることの出来る人である。逆にいえば世間の気分に自分が自然と追従している人であるが、重要なのはそれをコトバにする能力だ。みんながモヤモヤと感じていることを明確にコトバにしてみせる。今回あらためて思ったのは、そうしたことに関してTK氏は天才的だということである。

それはそうと、globeってこんなにビッグネームだし、売れてるのに、どうして存在がこんなにしずかなんでしょうか。KEIKOもマークも、超有名な人の割に実感としてのありがたみに欠けるのはどうしてなんでしょうか。

ずーっとそのことを考えてるんだけど、ナゾだ。三人の関係が今もって（役割りは判り易いが）よく見えないってことなのかしらん。

さて『イムジン河』が再発された。売れているらしい。久々に聴いたら、やっぱり私なんかには大変懐かしい曲である。ということ以上に何か書くと、今でもさしさわりがあるんでしょうか？

案外古臭くない音だったのでビックリした。

2002/5/2・9

31

OVER THE RAINBOW／INSPIRED FROM RED & BLUE
globe（エイベックス・トラックス）

作詞／Tetsuya Komuro MARC 作曲・編曲／Tetsuya Komuro
２曲目は「マルク・シャガール展」のイメージソング。

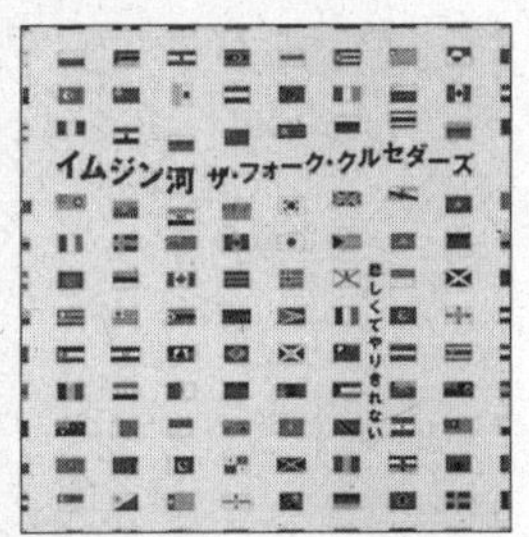

32

イムジン河
ザ・フォーク・クルセダーズ（プライエイド）

作詞／朴世永 松山猛 作曲／高宗漢 加藤和彦 編曲／ありたあきら
70年代に人気を博したグループ。南北分断を題材にした曲を34年前カバーしたが〝政治的配慮〟で発売中止に。

おさかな天国／柴矢裕美

エクスタシー温泉／アルファ＆DJ TASAKA

17

『おさかな天国』をくちずさんでしまうのは……

この手のものがブレークすると、やはり理由（わけ）を知りたくなる。いわゆる戦略で売れたのとは違う。では楽曲がおそろしく素晴らしかったかといえば、少なくともかなり安全なフィールドに属する音である。これは取りようだけれども、まア普通でしょう、出来としては。

ではやっぱり歌詞なのかと、つい『だんご3兄弟』の時までそう思っていた。かってに理屈とかこねて、タイヤキもお団子も主人公が食べられたりして死んでしまう。キーワードは死だね、なんていっていた訳である。

この曲だって、ある意味では死を連想させるだろう。なにせ食べられるために歌っている。

しかし。そういうことではないのではないか、と。この歌を頭のなかで思い出そうとしていた時ふと簡単なことに気付いた。

くちずさむ、ということである。くちずさみたくなるのとくちずさんでしまうは別なのだ。くちずさみたくもないメロディが一日中頭から離れないことはよくあるだろう。

それから、良い曲であることとくちずさみたくなること、くちずさんでしまうことは、本来別々に成立している事象である。ただ、良い曲と呼ばれたもののなかにくちずさんでしまうものは多い。それで混同しやすいのである。まったくくちずさめぬ名曲ならいくらでもある。この国では、良い曲といわれてくちずさみやすいものの含まれる率が、アメリカやヨーロッパより高くなっているように思える。

ここのところに『おさかな天国』ブレークの理由があるのではないか。

そんな風に考えてしまうぐらいこの曲の歌い出しのメロディはこびりついたら離れない、離れてくれない。といって歌全体は全く思い出せないのである。この歌い出しだけ、度を越して強い。聴いたら絶対にくちずさんでしまう。

こういう曲の売れるケースというのは結局、歌詞もあるがそれより強力に、人をしてくちずさませる力の優劣が関係してくる。

これを買った人は、アタマの部分が耳にこびりついてしまった。ＣＤを買って何とか他の部分も覚えないと一日中〽さかなさかなさかな〜とくちずさんでしまうことになる。そういう人達なのではないか。

と、段々話がまたこじつけっぽくなってきたが、ひとつだけいえることがある。

これだけ人が覚えてしまうメロディを持ちながら、この曲自体には人をそうして巻き込んでしまおうといった欲は見当たらない。誰の曲にしろ、今売れている曲はみな欲の匂いがする。それが魅力だったりする訳である。

私がいいたいのは要するにこの『おさかな天国』に代表される曲が、どうして色気抜きで大ブレーク出来たのか、である。述べてきたように、くちずさみたい訳でもないのについついくちずさんでしまう、その度合が異常に高ければ、曲は色気なしでもブレークする場合がある。

ということなのではないか。当たり前のようだが、今回の言及は、実は深いと思いますよ私。

『エクスタシー温泉』は、今までの日本のヒップホップにはなかった金属感のあるトラックにとても速度の心地良い日本語がのる。新しいと思った。

2002/5/16

33
おさかな天国
柴矢裕美（ポニーキャニオン）

作詞／井上輝彦　作曲／柴矢俊彦　編曲／石上智明
11年前に全漁連が販売店向けに制作。作曲者の柴矢俊彦は元ジューシィ・フルーツのG.、歌はその妻が担当。

34
エクスタシー温泉
アルファ&DJ TASAKA（東芝EMI）

作詞／アルファ　作曲／DJ TASAKA アルファ　編曲／DJ TASAKA
３人組ヒップホップグループの1stシングル。ゲスト・テクノＤＪは電気グルーヴの盟友。

Forever to me～終わりなき悲しみ～／the brilliant green

Feel fine!／倉木麻衣

18

トミーの「遊び」がブリグリをスケールアップさせた

一年四カ月ぶりに活動再開となったブリグリであるが、ヴォーカルの川瀬智子のソロがあっけらかんと面白かったので、あそこからどんな形でバンドに戻ってくるのか、ちょっと楽しみである。

それにしても、川瀬智子というお嬢さんは独特というか、他に似たタイプの人が見当らない。デビューの頃は、それこそドリカムだのなんだのと同じような編成のグループがいっぱいいて歌が上手いこと以外に印象もあまりなかったと思うのだが、いつの間にか不思議なマイペースぶりを発揮し始めて、今や、何をやっても意味を感じさせる人になってしまった。

冒頭述べたソロアルバムにしても他の人がやったら、ダサいと片付けられて終りそうなユーロビートが、きわどいところで〝今〟のものになっている。そう思わせるのはやはりセンスのなせるわざなのだろう。

センスとは何かと考えてみると、とっさの判断の感覚ということになるか。ここまでの彼女のとってきた判断の積み重ねがあったればこそ、ユーロビートも妙な説得力を持つのである。もし、あのソロがデビュー作だったとしたら、ブリグリの歴史がなかったとしたら聴こえ方も違っていたハズである。

前置きが長くなってしまった。さてこの新曲で一番思ったのは何かというと、彼女がユーロビートで遊んできたことが、サウンドをまさにブリリアントなものにした。そのことである。

ブリグリの音とは何であったか、それが、まだ耳に新しいTommy february6のユーロビートとの対比で、実にハッキリと見えてくるのだ。

以前から、このグループは曲調は多彩だし歌詞も英語日本語両方だし、でしかもいずれも達者ときているから、いまひとつ輪郭がつかみにくいところがあった。

よく物の大きさを示すのに横にハイライトの箱を並べて写真を撮ることがある。丁度そんな感じで、ここではハイライトの箱は彼女の声である。この声とサウンドの関係を聴き比べることで、ブリグリの音楽にあって他にないものが見える。いや見えてくるような気になるといった方が正しいかも知れないが……。

何にせよ、トミー嬢の味というものが世間に広く知られるようになって、ブリグリは色々な点で道がフト開けたように思う。まず、彼等が単なる技術者集団ではない、ということを判らせただけでも大きいと思うのだ。その点で、競合するようなユニットに対してかなり水をあけたのではないか。

それはそうと、倉木麻衣だが、こうなると、かつてはヒッキーのライバルとかいわれていたのは一体何だったのか。『Feel fine!』を聴いていると、そんな思いにさせられる。

トミーとは全く別の意味で、コリヤ、この先何やるか判んねェなって気にさせられるのだ。

何でもやっちゃいますよ売れりゃ、的な生き方に一段と拍車がかかった感じといいましょうか。ハッキリいえるのは、プロ相手の音楽は一切やめたってことかな。案外早い時期にヘアヌードとかも、なんてことさえ考えてしまいたくなる、根性の入った一枚でありました。

2002/5/23

35

Forever to me〜終わりなき悲しみ〜
the brilliant green（DefSTAR RECORDS）

作詞／川瀬智子　作曲／奥田俊作　編曲／The brilliant green
玄人ウケするサウンドで評価が高い。ドラマ「眠れぬ夜を抱いて」主題歌。

36

Feel fine!
倉木麻衣（GIZA studio）

作詞／Mai Kuraki　作曲・編曲／Aki-hito Tokunaga
12thシングル。「シーブリーズ」ＣＭ曲。日差しに弱そうな倉木とバックの焦げ肌の兄さん達との違和感が妙では？

忘れないから／Gackt

Sugar Lady／河村隆一

19

Ｇａｃｋｔと河村隆一に通ずるストレンジさと、異なる作風

ヴィジュアル系をやってた人達も、それぞれ大変である。かつてのまんま生き延びられたのは結局ＧＬＡＹだけということになってしまった。あのバンドは悪くいえば大味なところがある。それがいつのまにか普遍とかタフさとか、そっちの方面のニュアンスに変化していったのがよかったのだろう。歳や容姿のおとろえがセールスにひびかなくなるところまで、ヴィジュアル系中、ＧＬＡＹだけは到達してしまったのである。

歳や容姿といったけれど、それはとどのつまり神秘性ともいえる。神秘性が売りだった人がそこからどう転身してゆくのか。Ｇａｃｋｔと河村隆一を眺めていると、ひとつ共通して見えてくるものがある。

神秘性の核になるもの。それを「ナゾ」ととらえている点である。

たとえば河村隆一はソロ転向するや否やバラエティ番組でドテラ姿になって、温泉場の卓球に打ち興ずるのシーンを披露してみせた。ゲームに負けると顔に墨を塗られ「ボクおむこさんにゆけなくなっちゃう」とまでいってのけたのである。

これはすごいことになってるなと思いつつも、何を考えているのか判らないということではバンドのヴォーカルの時代と、キャラの本質は変

わっていない。ふとそのことに気付いた。以来、たまたまTVに出ている彼を観る時があるが、あの、場から妙に浮いた感じは、今や芸風と呼べるまでになっている。

Gacktも味わいこそ違え方法論的には一緒である。

二人とも神秘性をうまく〝ストレンジさ〟にスライドさせたのだ。

では、この勝負に限ってどちらの勝ちかというと、Gacktである。彼の場合、あくまでストレンジさを出すのを自分側のフィールドのみでやっているからだ。河村隆一はその都度、相手の間尺に合わせてしまう傾向がある。うんと先のことは判らないが。今のところGacktの方がそういう意味ではナゾの度合が深い。深く映るのである。このまんまのストレンジさがキープ出来たら、Gacktは面白い人として他にないキャラでずーっと重宝がられるだろう。

どちらにせよ、そうしたストレンジさをうしろだてにして二人の音楽が今成立しているのは間違いない。

さて、その両者の音楽性に関していえばこれは全く別モノである。河村隆一は玉を磨き込むように作る。Gacktはコンクリートをドリルで打ち砕くように作る。片や求めるものが艶ならば一方はギザギザな手触りである。

これはもう河村隆一の作風の方が、キャリアに照らし合わせるなら、断然ストレンジさで勝っているといわねばならない。そのサウンドのどこにもLUNA SEA時代のステージ姿がだぶらない音だからである。本当はどんな音楽が好きな人なのか、シングルの出るたびにナゾ

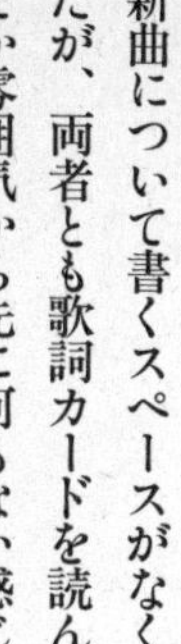

が深まってゆく。
新曲について書くスペースがなくなってしまったが、両者とも歌詞カードを読んでいると、何だか雰囲気から先に何もない感じがして、またその雰囲気がありきたりで、これならもっとデタラメなコトバの方がいいのにと、正直思いました。

2002/5/30

37

忘れないから
Gackt（日本クラウン）

作詞・作曲／Gackt.C　編曲／Gackt.C CHACHAMARU
元MALICE MIZER。タレント業でも引っぱりダコである。フジカラーデジカメプリントＣＭ曲。

38

Sugar Lady
河村隆一(ビクターエンタテインメント)

作詞・作曲／ЯＫ　編曲／ЯＫ　岡部啓一
元LUNA SEA。ЯＫ名義でプロデュース業もこなす。テレビ朝日系「九龍で会いましょう」主題歌。

ever since／SAYAKA

Mugen／ポルノグラフィティ

20

娘・SAYAKAデビュー。だが天然のシズル感が足りない

しかし何よりびっくりさせられたのはジャケットパッケージのりっぱさである。一体どのくらいお金がかかっているのか。いや、SAYAKAのデビューシングルの話なのだが、このりっぱさは何かと似ている。と思って考えてみたら、無料お試しセットとかよくあるでしょう、化粧品の。TVで宣伝してる。あれです。あの感じ。あとは昔銀行でくれたマッチにもこのぐらい外見のうんとりっぱなのがあった。

デビュー前にずーっと話題になっていた人だから、どうも新鮮な気がしないところへもってきて、このいかにも予算使ってます的なCDの入れ物の効果も手伝って、新人とはいいつつすでに特殊なイメージが出来上がって、というのは勿論よくない意味でですよ。少なくとも私にはそうだ。どうも最初から重たいもの背負っちゃった。ついついしみじみと、かつてのペーター佐藤の作品を思わせるエアブラシ風大アップ顔写真の扉をながめながら思ったりしております。ホントにこれだけジャケットがすごいと、おいそれとCDをかけられない。お茶の作法じゃないですけど、まず器をとっくり観賞しなきゃいけないたたずまいであります。ゼヒ店頭でご覧いただきたいが、まつ毛が尋常じゃないです。あと、多分風になびかせた髪のせいだと思うが首すじになぜかシワがあるように見える。そ

れから、このお嬢さん、父親似だね。それがよかったかどうかは別として、ふと、ビートたけしの娘の鳴物入りの売り出しを思い出してしまった。

ＳＡＹＡＫＡについて今業界は様子を見ているところである。この段階でいいとも悪いともいわないでいる。ことにダメとは皆絶対にいわない。そこがビートたけしの娘の時と似ている。本人というより親が、あとでこわいのだ。

それじゃあオマエはどう思っているのだ、本音をいえ、とここまで読んできっとそう思ってらっしゃるでしょうが、さてＣＤをついに聴きまして率直な第一印象だが、コレが実によく判らなかった。もしかして世間様も松田聖子が気になるんじゃなく、実際ＳＡＹＡＫＡがどうなるのかまったくもって見えないってことなのかも、と思ってしまったほど、この歌声ビミョーなのである。

まず、上手いか下手かでいうと上手い。というか歌手として問題はなさそうだ。声質は適度にスモーキー＆スウィートだし、タイミングや音程の解釈も出来ている。お母さんゆずりのＤＮＡは充分に実感出来る。

ただ、問題はそこから先である。松田聖子はＴＶで観ていて全身からティンカーベルの粉のようなものをキラキラとふりまいていたように思えたものだが、どうもＳＡＹＡＫＡには、そうした天然のシズル感が足りない。おっと。どうも歌より存在の話になってしまっていけないとは判ってるんだけど、やっぱりそこにいっちゃうんだよね。おそらくレコード会社の人達も心配なのは歌以外の部分なんじゃなかろうか。このめいっぱいドリーミーなジャケットでもどこかもっさりして見えるってのは、アイドルとしては大変な気が、私はします。すごく。ゲタ脱いだ方がいいと思う。とにかく。

ポルノグラフィティは快調。

2002/6/6

39

ever since
SAYAKA（ソニーレコード）

作詞／SAYAKA　作曲／奥田俊作　編曲／松岡トモキ
初回限定盤は横に長～いジャケ。写真は通常盤。以降、リリースの兆しナシ？ＣＸ系「ビッグマネー！」主題歌。

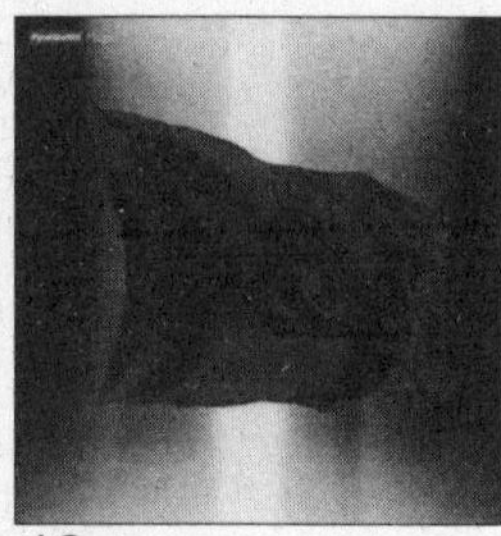

40

Mugen
ポルノグラフィティ（ソニーレコード）

作詞／新藤晴一　作曲／ak.homma　編曲／ak.homma　ポルノグラフィティホーンがバリバリ効いてるド派手なＲ＆Ｒナンバー。「2002FIFA　W杯ＮＨＫ放送」テーマ曲。

まっぴらロック／クレイジーケンバンド

Happy Valley／orange pekoe

21

大人が我を忘れられるＣＫＢ（クレイジーケンバンド）の音楽を体験してほしい

クレイジーケンバンド（以下ＣＫＢ）について確実にいえることがひとつある。とにかく聴いてごらんよとすすめてハマらなかった人は一人もいない。これはウソいつわりなく本当の話だ。

毎週こうしてＪポップなるものについて原稿を書いている訳だが、では本気で夢中になれるアーティストなり楽曲がそんなにあるかというとそれは別の話である。一年にひとつあれば御の字で、というのも、まがりなりにもこちとらミュージシャンである。人の音楽を自分のもの以上に愛することなどなかなか難しい。それから年齢もある。十代をターゲットにして書かれた楽曲、ことに歌詞を直球で受けとめて感動出来るほど若くない。

今、よく耳にするＣＤは、まず全部良く出来ている。良く出来ているというのは要するにネガティヴチェックに耐え得るレベルにあるということだ。昔は実際ひどいものが沢山あったから、それはよいことだとは思うけれど、この見映えの良さは本質を隠蔽することも多い。アイディアのまったく感じられない作品も、りっぱにブラッシュアップされればパッと聴いた時、それなりに刺激的で新しい音として通用してしまうのである。

子供だましというコトバがあるけれど、日本の音楽（だけではないですね）はその技術を特化させることでここまで産業として成長した、とい い切りはしないが、大人の聴くに耐える新曲が出なくなって久しいという話は、とどのつまり音楽そのものについての言及ではない。メーカーが楽に商売出来る相手だけに向けてCDを売っている。それだけのことだ。

今日はとりとめなく書いてます。CKBを聴いていると、その音楽の上等さに興奮すると同時に、この国のレコード会社の人達の、いかに音楽より商売を愛しているか、そのことが見えて見えてしまって、ついつい妙なテンションになってしまうのだ。

話は少し戻って、大人向けの新曲とは、では一体どんなものが望ましいのか。そういう議論になって必ず失望させられるのが、どうしてか皆、スタンダードみたいな無難な音楽をハナから想定する、このイマジネイションの乏しさである。

私が思うに大人だって子供がミニモニ。とかで味わう、あのハイな感じが欲しいに決まっている。ただ、大人をそんなテンションにさせるだけのものがなかなか作れない、あるいはそういったものを作ろうという発想がそもそもないのか。

いずれにせよ、大人に大人であることを忘れさせられるか、大人向けの「新曲」というものに求められるなによりはその一点以外にない。いい換えれば大人が我を忘れられるような音楽である。

このCKBの新曲が、まさにそういう大人に我を忘れさせる力を持った新曲なのである。

メロディが、歌詞が、アレンジが、といちいちいうより、大人が十代に戻るのではない、今十代の実感を、懐かしさ抜きで持てる、そんな曲だ、といった方が、買ってみたくなるんじゃありませんか。私は、どうしても未体験の人にCKBを試してもらいたいのだ。絶対にハマる。ヤクソクする。

もう一枚はそういう意味では若者向け止まりであった。

2002/6/13

41

まっぴらロック
クレイジーケンバンド（サブスタンス）

作詞・作曲／横山剣
平均年齢38歳、超実力派のイイ男達による〝演歌ボッサ〟です。メジャー進出第1弾。大女優・森光子も夢中！

42

Happy Valley
orange pekoe（BMGファンハウス）

作詞／Tomoko Nagashima　作詞・編曲／Kazuma Fujimoto
関西出身のナガシマトモコ（Vo）、藤本一馬（その他全般）の2人組。イラストジャケも印象的なカフェ系な人達。

Strawberry Sex／平井堅

街/溺愛ロジック／堂本剛

22

イメチェン後の平井堅には付焼刃な感じがしない

平井堅は前作でかのベイビーフェイスのプロデュースを受けた訳であるが、アレが果して成功だったかというと、私は話題ほどではなかったと思っている。

平井堅にはじまったことではない。古くは小比類巻かほるのプリンス、安室奈美恵はダラス・オースチンだったか、宇多田ヒカルも誰かと組んでいたと思うし小柳ゆきのボーイズIIメンというのもある。どれも期待を上回る出来には、結局ならずじまいだったのではないだろうか。

その問題はまた別の機会に考えるとして、平井堅がベイビーフェイス後をどうするのか、ちょっとアレで盛り下がっちゃったようにも映っていたので気になっていた。

この『Ｓｔｒａｗｂｅｒｒｙ　Ｓｅｘ』にはじめて接したのは何かのCMに使われていたのを聴いたかラジオか、そこのところは思い出せないのだが、名前を確認するまで平井堅の歌とは判らなかったことはハッキリと覚えている。

というのも、ここのところの彼の音楽の語彙にはないサウンドだったからだ。同じブラック系とはいえ、メローな方向で地位を築いた平井堅が、まさかこのタイミングでファンク、それもけっこうティピカルなものを出してくるとは想像がつかなかったのである。

この舵取りはなかなかニクいと思う。何となく世間的にイメージの固定化しつつあった平井堅が、これで違う表情を持つアーティストであることがうまくアピール出来たと思うのだ。

渡りに舟というコトバがあるが、ベイビーフェイスプロデュースが超大ヒットとなっていたら、今回も路線をくずせなかった筈である。案外最初っから、外人プロデュースの限界を見極めて——つまり前例に照らし合わせてそこそこで終るだろうと——当て馬的にベイビーフェイスを起用した、なんてことはないでしょうが、イメージチェンジ前の区切りをつける仕事を頼まれる大物外人プロデューサーが、これを機会に増える可能性はあるかも。

想像がたくましくなり過ぎた。いくら、ここが最良の転換ポイントだとしても、作品が説得力を持たなければ何の意味もない。

この新曲で感じるのは、平井堅のゆとりだ。今までのディープな雰囲気からどれだけ遠くに行けるかを楽しんでいる風情さえ伝わってくる。安心して聴けるのである。

つまり付焼刃な感じがしない。ファンクへの造詣が、音に歌いっぷりに、ちゃんとあらわれているのだ。今回のシングルで平井堅は、ファンの信用をひとつ深いものにしたように思う。

ただ、気になるのは、これは売れているアーティスト全般にいえることなのでいたしかたないことかも知れないが、スタッフにすごく守られて音を作っている風に映る。ファンクのタフさがそれ故若干そがれてしまうのだ。自分でアレンジしてプロデュースしなさいよ。その方が絶対カッコいいと思うよ。特にこういう音は。ねッ。

堂本剛のソロは自作である。歌い方にミスチルの影響もみられるが、いわゆるジャニーズ風とは一線を画した味わいはなかなかである。ダンスナンバーを自作出来るようになったら最高ですね。ゼヒともチャレンジを!!

2002/6/20

43

Strawberry Sex
平井堅(DefSTAR RECORDS)

作詞/多田琢　平井堅　作曲/中野雅仁　平井堅　編曲/中野雅仁
フッ切れ感溢れる軽快ファンク・ポップ・チューン。15作目にしてR＆Bの貴公子・脱皮成功となった?

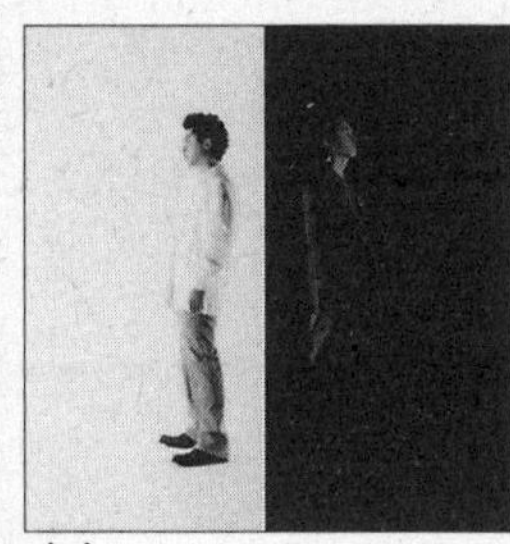

44

街/溺愛ロジック
堂本剛(ジャニーズ・エンタテイメント)

作詞・作曲/堂本剛　編曲/新川博
KinKi Kids剛、初ソロシングル。主演ドラマ「夢のカリフォルニア」主題歌。続いてソロアルバムも発表した。

Eternal Place／hiro

saturday／paris match

23

ｈｉｒｏはソロではなくて〝新SPEED〟をやればいい

ＳＰＥＥＤがひとつの時代を築いたのはたしかなことである。その中心的役割をになったｈｉｒｏだが、ソロ活動に入ってからこっち、今ひとつ存在のフォーカスがしぼれずにいる。あの、国を挙げてのブームを想うと、本当に人気商売はキビしいものといわざるを得ない。

グループの解散が、どこかスッキリした後味を残せなかったことも、再出発においてハンディとなった。にしろ、上原多香子は堅調である。

ｈｉｒｏで思うのは、自身のなかで〝ＳＰＥＥＤ〟がちゃんとまだ納まっていない感じのすることだ。上原多香子が完全に脱皮したイメージを作り上げてしまっただけに、よけいそう映るのかも知れないが。

さて、新曲であるが、これを聴いていても、ＳＰＥＥＤとの距離をとりあぐねているｈｉｒｏの姿が見えてしまう。何といっても詩と曲そしてプロデュースに伊秩弘将を久々に起用したことが、そう思わせる一番の要因である。その仕事ぶりの如何ではない。色々とトライしたがしっくりとこない。ではもう一度かつての大ヒット連発の頃のシフトに戻そう、という台所事情のようなものを、布陣が連想させてしまうのだ。

曲自体は、さすがにSPEED時代からｈｉｒｏの持ち味をうまく引き出してきたプロデューサーの作だけに、安心して聴ける仕上がりである。殊にゆとりを持って彼女の音域を使い切る技というか芸というか、これは他のプロデューサーには手の出せぬものがある。更にSPEED時代と比べると楽曲にこくが増したようにも思えて、〃元SPEEDの〃という色眼鏡さえはずして聴けたなら、なかなか説得力のあるCDである。

説得力はある。しかし、どことなくはじけた感じがしない。かつてグループ時代の彼女は、歌の上手さ以上に、どこかに向かって駈け抜けてゆくような、それこそスピード感で人々を魅了したと思うのだが、ここで聴けるのは何だか中堅どころのような落ち着きなのだ。

ソロとなり時がたつにつれ、SPEEDの頃はよかった、という想いが強くなっているのだろうか。実際のところは知る由もないが、そんな印象を、このシングルから受ける人も多いのでは……。

何にせよ、彼女が本当はSPEEDを清算したいのか、むしろ伝謡の道に進むのか、そろそろ見えてきていい時期という気もする。個人的な意見をいえば、この人は新SPEEDを作るのがいい。若い子をしたがえて歌い踊るhiroというのはけっこう絵が見えてくると思うのだ。

paris matchは、『KISS』がいい具合にけだるさを演出していて、あの曲は私も好きだった。ただ、ずーっとあのまんまだとシーンから後退してしまう危惧もあった。今回の『saturday』はそういう意味で、いささか懐しさが勝っちゃったかな、というのが正直な感想である。

相変わらず都会の夏の午下り（ひるさがり）のオープンカフエで過す時間のような心地良さは健在だが、その景色が今年じゃない。いってみれば渋谷系なるコトバがぴったりの、そんな時代の写真を眺めている気分なのだ。ミズノマリの声は本当に素晴らしいのだが……。

2002/6/27

45

Eternal Place
hiro（SONIC GROOVE）

作詞・作曲／伊秩弘将　編曲／田辺恵二
ソロ2作目以来6作ぶりの伊秩弘将プロデュース。TV「天国への階段」エンディングテーマ。

46

saturday
paris match（ビクターエンタテインメント）

作詞／古澤大　作曲・編曲／杉山洋介
グループ名は英バンド・スタイルカウンシルの曲名から。Voミズノはもともと地方FM局DJをやっていた。

2002年4月1日付～2002年4月29日付オリコン調べ

4

順位	得点	作品名 アーティスト	発売日	最高順位
1	516,060	光 宇多田ヒカル	14.3.20	1
2	249,930	ワダツミの木 元ちとせ	14.2.6	1
3	174,950	FUNKASTIC リップスライム	14.3.27	2
4	168,120	ナイスな心意気 アラシ	14.4.17	1
5	143,530	おさかな天国 柴矢裕美	14.3.20	3
6	125,530	蒲公英－たんぽぽ－ 19	14.3.21	2
7	122,140	FANTASISTA Dragon Ash	14.3.6	5
8	113,030	キラキラ 小田和正	14.2.27	6
9	82,800	花唄 TOKIO	14.3.6	7
10	82,310	Way of Difference GLAY	14.2.27	7

Monthly Ranking

月間ベストセラー順位表

5

2002年5月6日付～2002年5月27日付オリコン調べ

順位	得点	作品名 アーティスト	発売日	最高順位
1	533,560	SAKURAドロップス／Letters 宇多田ヒカル	14.5.9	1
2	454,930	Free & Easy 浜崎あゆみ	14.4.24	1
3	384,840	Feel fine! 倉木麻衣	14.4.24	2
4	295,870	カナシミ ブルー KinKi Kids	14.5.2	1
5	244,340	ワダツミの木 元ちとせ	14.2.6	3
6	227,760	SONS OF THE SUN 麻波25	14.4.24	4
7	201,800	君をさがしてた～New Jersey United～ CHEMISTRY	14.5.9	2
8	189,350	アイ～ン体操／アイ～ン！ダンスの唄 バカ殿様とミニモニ姫。	14.4.24	3
9	175,140	freebird SMAP	14.5.15	1
10	127,860	忘れないから Gackt	14.4.24	4

2002年6月3日付～2002年6月24日付オリコン調べ

順位	得点	作品名 アーティスト	発売日	最高順位
1	424,640	熱き鼓動の果て B'z	14.6.5	1
2	222,060	街／溺愛ロジック 堂本 剛	14.5.29	1
3	139,480	Another Days w-inds.	14.5.22	1
4	136,800	SAKURAドロップス／Letters 宇多田ヒカル	14.5.9	2
5	130,670	亜麻色の髪の乙女 島谷ひとみ	14.5.9	4
6	107,650	Feel your breeze／one V6／V6 feat. Shoo（S.E.S.）	14.6.12	1
7	106,770	freebird SMAP	14.5.15	3
8	94,080	Yeah！めっちゃホリデイ 松浦亜弥	14.5.29	2
9	91,840	君ヲ想フ 元ちとせ	14.5.22	6
10	91,490	Mugen ポルノグラフィティ	14.5.15	7

Yeah! めっちゃホリデイ／松浦亜弥

Bonus Track

あややは完璧すぎて大ベテランの劇団員のよう

松浦亜弥である。

あいかわらずこの人はすごい。何がすごいのかはよく判らないのだが、TVに映っていたりすると思わず目がいってしまう。テンションの高さが並はずれているのだろうか。

多分アイドルで、ここまでプロっぽい人は他にはいない。

例えばモーニング娘。全般、つんくのまわりを見ても、みんなどこかで腰掛であることを是としてふるまっているようにも見えるし、十年後を想像すると、歌なんかもう歌っていないんじゃないか。そんなことさえ考えてしまうのに、あややは違う。この人は絶対に生き残っていそうな気がする。本当の意味での国民的大ヒットを放つまで、どんなことをしても歌手であることをやめないに違いない。

そんなオーラが画面から、いやというほど伝わってくるのである。

という訳で、あややの資質を思うと、ここまでのシングル、そのどれを見ても、今ひとつ楽曲的にパワーが負けているようにも感じられる。

それが証拠に、ちょっと大人の人にたずねると、あややの名前や顔は知っていても曲のことはほとんど答えられない、のが常で、これがモーニング娘。なら『ラブマシーン』ぐらいは誰でも知っている。

とはいえ、あややの場合、そのプロっぽ過ぎることが逆に負荷になっているのも事実で、今回のシングルも、作品の良し悪しはともかく、達者ぶりがあまりにも目立つ。ある種フレッシュさみたいなものが、この歳ですでに失われてしまっている、とも思われるのである。

『Yeah！めっちゃホリディ』は、そもそもが企画モノっぽい作りになっている。AメロとBメロを別のキャラクターで歌い分けるように出来ていて、歌の半分ほどを、あややは「オッチャンになった気分」でこなさなければならない。

なしてアイドルがオッチャン気分で歌わなければいかんのかという問題がそもそもあると思うのだが、あややは与えられた仕事を、あまりにもへっちゃらにこなしてしまっていて、そんな問題のあることさえ、リスナーに気付かせぬ。

パーフェクトというのは素晴らしいことだとは思う。しかしこの曲のような、聴きようによってはオフザケっぽい作品では、あややも、とまどいのニュアンスを歌に残した方がよかったのでは。何だか聴いていると、声だけはティーンの、実は大ベテランの劇団の人が歌っているような、そんな印象が残ってしまうのだ。

それにしても、近頃のつんくの仕事は、一段と下の層へ下の層へと目を向けている感じが強く、この曲も音楽のフォーマットとしてはNHK教育テレビの子供の歌番組用そのものである。

なのだけど、どこかに確信犯的に大人のよごれた感じを本当に上手にまぶしていて、よく聴くと決して道徳的とはいえない。ちゃんと性愛的な匂いをフィニッシュに残しているから、つんくはコワい。

ではありますが、この方向性が真にクリエイティヴなものなのか、それは別であります。

そろそろ、つんくの直球勝負の曲が聴きたい、と大人のファンは思っていると思う。

Bonus Track

BonusTrack7

Yeah! めっちゃホリデイ
松浦亜弥（ZETIMA）

作詞・作曲／つんく　編曲／高橋諭一
初の水着写真集もベストセラーになったあややの６枚目シングル。ちなみにお父さんの髪型はパンチパーマらしい。

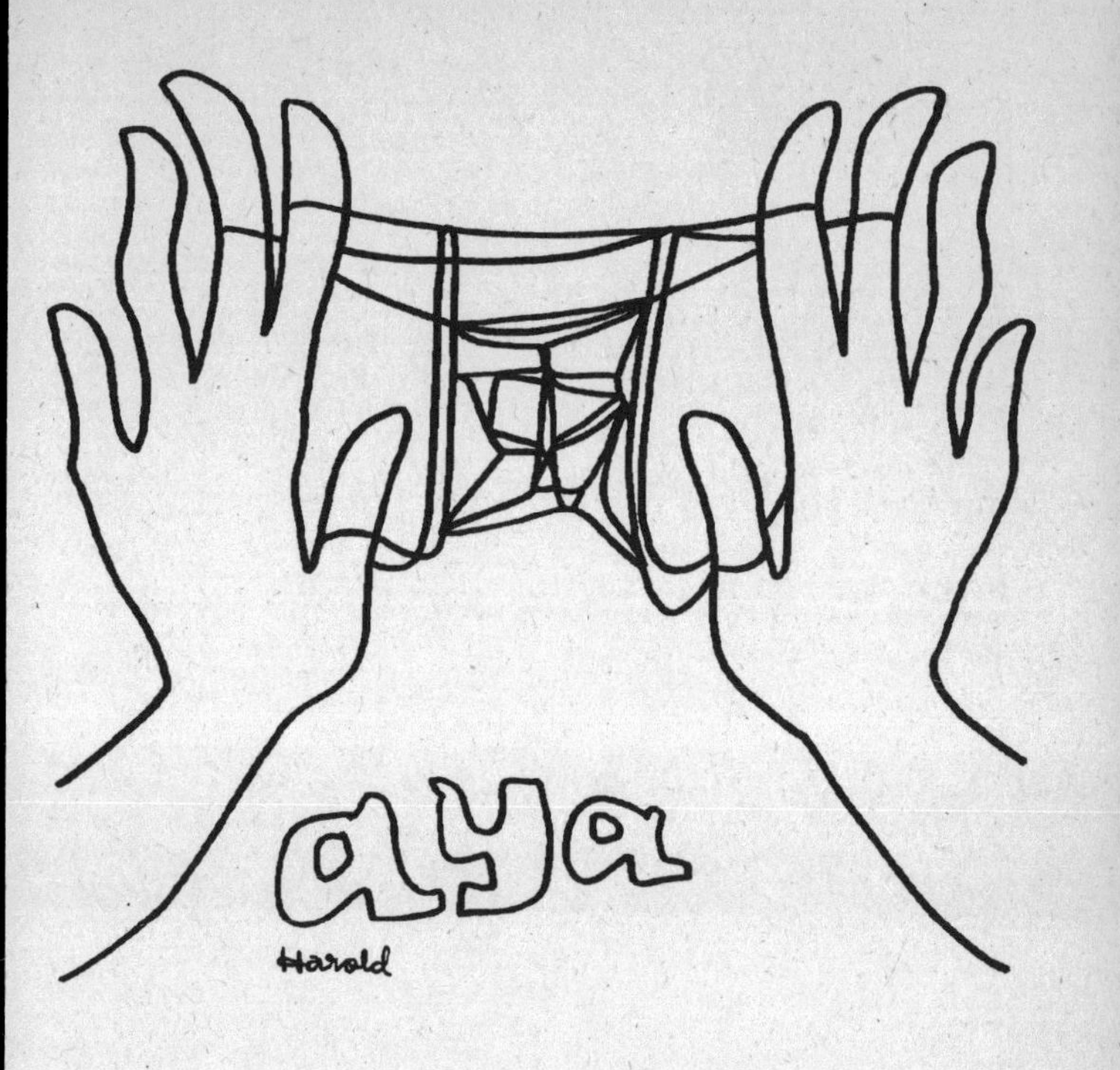

風になる／つじあやの

Bonus Track

厚いサウンドを支配する、つじあやののウクレレ

つじあやのという人の音楽は、ラジオから流れてきたりしても、何か他の人と違うものがあって、すぐに判る。

勿論必ずウクレレが鳴っているからということもあるけれど、それだけではない。彼女の歌声、作る曲自体がオリジナリティを持っているのである。

そういうと、昔の深夜放送なんかでこんなフォークソングをよく聴いた気がする、ということをいう人もいるだろう。ある意味それは当たっている。

たしかに、このメロディライン、コード進行は、懐かしいものがあるし、歌い方の健全なのも70年代を髣髴とさせる。

ただ、それが誰と似ているのだと考えると、結局思い当たる人が見付からない。このいそうでいない感じがこの人のオリジナリティなのである。

いい換えると、不思議なことに古くさくない。つじあやのの魅力はそのひとことに尽きると思うのだ。

この『風になる』はそのまさに好見本で、コード進行が――さすがウクレレ娘！――歌詞カードについているから見てみると、C、Am、F、G、の応酬という、ほとんどブラザースフォーとかピーター・ポール＆マリーの世界であるに

もかかわらず、また歌詞も〈忘れていた　目を閉じて　取り戻せ恋のうた　なんて、昭和の作詞家のような調子だというのに、その音楽の鳴っている景色を想像すると、決して昔じゃない、ちゃんと今なのである。

では、何故そうなのか。それがよく判らないから、不思議なことにと私はいっているのである。といってしまうと話がここから進まなくなる。

最初にこの曲を聴いた時感じたのは、曲の進んでゆく、その時間の流れが、どこかダンスミュージックに共通する、ということだった。そこに多分ヒントがあるに違いない。

今回あらためてチェックしてびっくりしたのは、イントロの部分のキックが四つ打ちだったことである。それが自然に楽曲にとけている。つまり、そういうビートが彼女の曲には内在している、ということである。

昔のフォークとはそこが違う。ひらったくいえば、フォークのメロディなのに、踊りたくなるようなグルーヴを、この人の音楽は持っているのである。

とか色々と考えてはみるのだけれど、そういったことがだんだん枝葉の問題に思えてきた。

この人の音が古くさくないのは、本当に感じたままのことが音楽になっているからなのではないのか。『風になる』を聴けば聴くほど、そんな気になってきたのである。感じ方が新鮮なら、どんなフォーマットの作品だろうと新鮮に聴こえる。そういうことなのではないか、と。

それにしても、ウクレレの力というものはすごいものだ。この曲はストリングスも入った厚めのアレンジになっているから、ウクレレのような小さな音の楽器はうもれて聴こえないところもあるというのに、全体の、平和な感じは結局ウクレレが支配しているのだ。

C/Wの別バージョン、かなりウクレレ中心の方のアレンジを聴くと、よりそのことが判る。

Bonus Track

BonusTrack8

風になる
つじあやの(ビクターエンタテインメント)

作詞・作曲／つじあやの　編曲／根岸孝旨
映画「猫の恩返し」主題歌。高校時代にウクレレに出会い、京都鴨川のほとりでミニライブを始めたのが原点とか。

hard to say／Crystal Kay

Bonus Track

時代の息吹を感じる作品にクリちゃんは出逢えた

2002年のシーンで、誰が一番伸びたかは判らないが、クリスタル・ケイがこの一年で存在をハッキリと示したことは間違いないと思う。

和製女性R&Bシンガーのブームも、とっくに落ち着き、それぞれが、それぞれの道を手堅く歩み始めて、何となくねっとりしてきたなかにあって、あくまでハジケる方向に進む姿勢をくずさなかった。何といっても本人の気力・体力の充実があってのことだが、m-floの☆タカハシタクとの出逢いも大きい。

この『hard to say』を聴いていると、まさに打てば響く、といった感じに、プロデューサーとアーティストが互いを高め合っているのが伝わってくる。

こういった、現場の生きいきとした様子の手にとるように判るシングルは、なかなかない。きっと、全員がものすごく幸せそうな顔でスタジオのプレイバックに聴き入ったことだろう。と、どうして見てもいないのに、そんなことが判るのかというと、多分そういうことは音に出るのである。と私は思っている。

必ずということではない。何となく判る時がある、ぐらいのニュアンスで受け取ってもらいたいのだが、このCDは、自分達がくすんでいないことを知っている——そういう音がするのだ。自負ということかも知れぬ。その発するものがまぶしい。

なにしろ、よどんだところがないのである。よどんでいないということは、即ち透明感があるということ。

Ｃｒｙｓｔａｌ　Ｋａｙは、なによりこの透明感に呼応したのだと思う。それがこの歌い方にあらわれているのである。

おそらく、いつの時代でも、音楽には透明感が求められる。そして、その透明感は一定ではなく、社会の変化の関与する部分も大きい。透明感とひとくちにいっても、このヘヴィな世相を借景にして持ち応えることの出来るだけのものを作り出すのは、そう簡単なことではない。
☆タカハシタクのトラックを聴いていると、変な重さはないのに、持ち重りのようなものはちゃんとある。それはつまり、トラックのつくりがしっかりしているからで、音の重心がよくリスナーにも見えるのである。
透明感を感ずる最大の理由は、結局バランスである。この音のバランスが、時代に合ったものだから、この曲で我々はほっと出来る。

どんな歌手も、時代の息吹を歌にしたいと願うだろう。そういった作品に、ここで彼女は出逢えた。そういう歌い方なのだ。

それにしてもあらためて思うのは☆タカハシタクの女性シンガーの扱いのうまさである。ｍ－ｆｌｏでもそうだったが、かわいらしく見せる、彼には女の人のレディの部分を、天性のフェミニストのようなところがある。

その洋服を着ると素敵に見える服というのが

ある。彼は音楽でそういうものを、さっと見付けては、すかさずあてがう。
一度☆タカハシタクと組んだら、女の人は必ずまた一緒に音楽を作りたくなるのではないか。

少なくともクリちゃんがこの曲で見違えるほどキレイになったことだけは誰の目にもあきらかなことである。

Bonus Track

BonusTrack9

hard to say
Crystal Kay（エピックレコードジャパン）

作詞／☆タカハシタク　H.U.B. Crystal Kay SPHERE of INFLUENCE SOR　作曲／☆タカハシタク
17歳の実力派クリスタル・ケイのポップ・ダンス・チューン。新生m-floの第一弾フィーチャリングヴォーカリストに決定し、2003年6月には新曲発表予定。

The Perfect Vision／MINMI

Bonus Track

歌のうねりが作るMINMIの安定しない気持良さ

不思議な曲である。そう思われた向きも多いのではないか。

MINMIは大阪出身のレゲエシンガーで、この曲でメジャーデビューを果たした。詩、音楽とも自分で、打ち込みのパートナーがいるような、今時のひとつの典型的なスタイルのクリエイターといっていい。

この曲でまず思うのは、色々な場所から才能のある人は出てくるものだなァ、ということである。才能とともにお国ぶりも出る。『The Perfect Vision』を聴いていると、バックグラウンドに、大阪が感じられてならないのだ。

匂いがする、ということかも知れない。

俗にストリート感というけれど、あれは街の匂いがちゃんとしてるってことでしょ。良し悪し別にして、平井堅なんて企業の匂いはするけど、街の匂い一切しないもんね、今なんかもう。話がそれた。イケネ。

それで、それ以上に新しい音楽を作ろうとしてることが伝わってくるのである。彼女の場合。

今の時代って、個人で作った音楽の国際性が問われるようなことになっているから、彼女のようなスタンスを取る人はふえるだろう。東京以外の匂いがして新しい、というのがこれからいっぱい出てくるってことかな、この曲のヒットの意味は?

さっき書いてて思ったのだけれど、タイトルがいい。すごく気高くて響きも凛として、勇気がわいてくる。

さて曲だがほぼアカペラの英語コーラスの上質だがラフさを残して色気を増したヤツに、日本語の勢いのいいのが飛び込んでくる。この何秒かのなかに、すでに独自性があって、はじめて聴いた時の印象が思い出される。何が、というほどではなかったが、違和感にも似た刺激を感じたのだ。

曲が終って、しゃべっていた人間も、同じようなことを思ったらしい。そのようなことをいっていた。

それもあって最初に聴いた時をよく覚えているのだが、ハイブロウとも庶民的ともいえるのがこの曲、なのかMINMIのスタイルなのか、いずれにせよ魅力なのはたしかで、違和感といったのは、他の誰とも似ていないからだった。

こういう――クラブ寄りな――音楽にしては歌が物語り的に聴こえる、と思った。そこがどこか演歌的に感じられた。全部が話として見える訳ではないが、情感があるとでもいおうか、もう少し風情のある街の景色なり暮らしなりが浮かぶのだ。

日本語にどうしても耳が行く。すると、それがするっと英語に変わる。あるいは英語だか日本語だか判らない。この入れ替わり立ち替わりの、コトバのモーフィングのようなものが、今述べた演歌的といったものと同時にこの曲を貫いている。

それ故にうねる。収まる場所がない。人が不思議と思うのは、この安定しない気持良さのせいなのである。

ダイアナ・キングでしたっけ、レゲエの大ヒットによく、こういった感じの、毅然とした曲があるけれど、そこに、日本的な木目細かさ（きめ）をうまくあしらって、別ジャンルにまで、よく持っていけたと思う。

この人はチャレンジャーだ。

Bonus Track

BonusTrack10

The Perfect Vision
MINMI（ビクターエンタテインメント）

作詞・作曲／MINMI　編曲／KAMI-SHIRO
大阪のレゲエシーンで注目されていた女性シンガーのメジャーデビューシングル。95年ごろから地元のクラブなどで活動していた。

カレーライスの女／ソニン

Bonus Track

『カレーライスの女』がコミカルでないのは

ＥＥ　ＪＵＭＰは面白かった。まずユウキという少年の、今時めずらしく本性が不良な感じなのがよかったし、そのユウキをクールに眺めていたソニンのスタンスも大人っぽく、ちょっと他にないバランスのユニットだった。

一度ユウキが失踪だかして、戻った時、ラジオの番組にソニンだけが出てしゃべっていたことがあった。その時の彼女の受け応えが大変スマートだった。相方をいたわりながら、しかし責任ということにもキッチリ言及し、なおかつユーモアを忘れず、ポジティヴで、要するにちゃんとした大人の振舞だった。

その時は、これから一層ＥＥ　ＪＵＭＰは良くなる、といったことを語っていて、実際、そうなりそうだったのに、ユウキのことで今度は本当にユニットが消滅してしまって、どうなるのかと思ったら、ソロになりこの曲を出してきた（この前にＥＥ　ＪＵＭＰ　ｆｅａｔ。ソニンの一枚があるが）。

『カレーライスの女』。一体どんな曲なのか、想像もつかない。ところが聴いてみると、これがなかなかに心を打つ。まともな内容の歌なのだ。

どういう話かというと、男にあまり誠意がなく、いつの間にか自分から離れていってしまった。こっちはその男ひと筋だったから、今はもう心もカラッポである。ただひとつだけ残ったものがあった。男の為にはじめて料理というものを作った。カレーライスだけは作れるようになったのである。

別れたあとのたったひとつの想い出がカレーライスの作り方というのは、なるほどリアリティがあるが、実際それを歌にするのは大変である。どこかコミカルになってしまう。

この歌で注目すべきなのはカレーライスが歌詞中には一度も出て来ず、タイトルのみになっている点で、リスナーはカレーライスというひびきを耳にせずにすむ。コミカルにいかず、リアリティだけを、そのおかげで受けとめることが出来るのである。

つんくは、そういう意味で、歌における日本語の扱い方が大変上手い。たとえ歌詞中に登場せずタイトルのみだとしても、カレーライスがハンバーグや他の料理だったら、この歌のニュアンスは出なかったと思うのだ。

そうした作詞家的なことと別に、音楽家としても、つんくは日本語の面白さをいつも見事に引き出していると思う。この曲でも〽わかってます　わかってます　のくだりであるとか、楽曲自体のリズムとコトバが小気味よくシンクロして、意味以上に器楽的役割を果たしている箇所の多いことにおどろかされる。こうした部分があると歌うことがフィジカルに楽しくなるのだ。

コミカルではない、と書いたが、ほろ苦い笑いをさそうところはある。カレーライスを作れるようになったこと、それだけが〽東京に来て

からの財産ね　と歌うのだ。

何かいい感じじゃありませんか、こんな風にちょっと自分をつきはなして眺められる女の子って。悲しいけど未来に向かって生きてるような風情があって。

　この曲、大ヒットかどうかは知らないが、2002年つんくものでは一番充実したなかみだったのでは。

Bonus Track

BonusTrack11

カレーライスの女
ソニン（トイズファクトリー）

作詞・作曲／つんく　編曲／鈴木"Daichi"秀行
CX系「HEY!HEY!HEY! MUSIC CHAMP」エンディング・テーマ。EE JUMP解散後のソロデビューシングル。ジャケット写真からソニンのソロ活動への気合の入れようが伝わってくる？

恋はオートマ／DABO

Bonus Track

DABOの歌詞に感じたユーモアと含蓄

日本のヒップホップはこれからどうなってゆくのか。

たしかに渋谷の街などを歩いていると、流れてくるラップの何割かはよく聴くと日本語で、その雑踏のノイズとの相性も悪くない。ファッションも含めて定着したと考えることは出来る。

実際に技術レベルは上がった。トラックメーカーもMCも、層ということでみれば、かなり厚そうだ。すなおにカッコいいと思える作品も沢山ある。

しかし、私の心のなかには何かひっかかるものが依然としてある。コトバのことがどうしても気になってしまうのだ。

それはJポップ、ロックについてもいえることなのだが、ヒップホップの場合、標榜するものが違う。

ヒップホップは〝リアル〟を求めているのではなかったか。カッコいい、カッコ悪いの前の話として、それがあるのではないか。

本当に東京なら東京が描けているのか。その想いはいまだに消えないのである。

つまり、ヒップホップは、街のしゃべりコトバの延長線上にあってこその表現方法だ、と私は思っている。どうも、そこのところが、何かにすり替えられてしまっているように思えてならないのだ。

発音、テンポ、リズム、イントネーション、そしてボキャブラリー。全部ヒップホップのなかだけで完結してしまっていて、その外につながっていない。

だから、どんなカッコいい曲も、架空な感じがしてしまう。街なかで四文字熟語を多用して会話を交わす若者なんて、絶対にいないのである。

日本のヒップホップの最大の問題点は、そもそも英語と一体だった音楽を、まんま日本語でやろうとする、そこにある。意味としてではなく、雰囲気で捉えてしまったことから生ずる。つじつま合わせが、いつの間にかスタイルになり、市民権を獲得してしまったことである。そして、誰もヒップホップをやるものが、それに異議を唱えない。

この『恋はオートマ』にしても、述べてきた観点でいわせてもらうなら、気になることはいっぱいある。だが、私はこの作品が好きである。それは歌詞中のひとことが大変気に入ったからだ。

〽マニュアルなんかねーんだな恋はオートマ

ここで、面白いのは、マニュアルというコトバ、オートマというコトバに二重性を持たせていることで、ひとつは、本来の手引き、自動であり、一方では自動車的テクニカルターム、操縦方法の種類の話である。そのふたつをさりげなく掛け合わせている。掛け合わせて、ちゃんとこの歌詞は状況を物語っている。単なるコトバのあそびに終っていないのである。

いい換えれば、この一行には含蓄がある。含蓄があってユーモアがある。それで、この曲は単なるこわもてやいきがりだけではない、ちょっとぶかっこうなニュアンスまで、全体のトーンを変えることなくあらわすことが出来ているのだ。

センスということだ。DABOはセンスを感じさせてくれる。ジャケ写を見ると、クルマのシートに女と座っているが、ドライヴァーは女の子。そのシチュエーションでこの歌詞なのだから……。とぼけてるぜDABO。

Bonus Track

BonusTrack12

恋はオートマ
DABO(ユニバーサル インターナショナル)

作詞／DABO　作曲／AQUARIUS MASAYA WADA
TX系「ジャパンカウントダウン」、ANB系「Future tracks」オープニングテーマ。2001年に名門Def Jamの日本アーチスト第一号としてメジャーデビューした大物だが、顔は親しみやすい。

July August September

7 8 9

桜のころ／坂本龍一、甲本ヒロト、DANCE☆MAN、What's Love?
ひまわり／前川清

24

粛々と仕事をした坂本と自然体の甲本に違和感はないが……

ザ・ハイロウズの甲本ヒロトのソロであるが、何と作曲が坂本龍一なので、一体どんな仕上がりなのか。ちょっと想像がつかない。エイトビート系の人と坂本龍一というと、昔清志郎とやった『い・け・な・いルージュマジック』を思い出す。あんな感じなのだろうか。とにかく聴いてみることにした。

イントロはあきらかに坂本龍一寄りの音である。ゆったりとしたリズムとしずかな持続音の、あえていうならアンビエントっぽい始まりに、甲本ヒロトの登場を予測させるものは何もない。正に堂々の〃教授節〃。それはともかく、何となく、そう新しい音に聴こえないのは何故か？　と思っていたら、実際そう新しい曲ではなかった。

聞くところによるとこの曲は九年前のJリーグ発足の時、日本サッカー協会の依頼で作られた『日本サッカーの歌』というインストものに甲本ヒロトが今回詩をつけたものであるらしい。イントロに一切甲本ヒロトの気配のないのも当然なのであった。

まァ、そういった経緯もあり、色々な意味で今回のワールドカップ用に書き下ろされたものと『桜のころ』はいささか肌合いが異る。

まず、坂本龍一のなかに基本的にそれほど盛り上がった気分がない。あの当時と今とではサッカーに対する国民的な熱気に随分差があると思うのだが、それが曲を聴いているとよく判る。そういっちゃ悪いが、粛々と仕事をこなした的な出来なのだ。例えばどこかの会社から社歌を作ってくれと頼まれて作ったような感じがする。曲調は全然社歌風ではないが。

面白いのは、気らくに作ったせいかAORくさい手クセのようなものが曲なかにかいま見えることで、それが、かつてはスタジオミュージシャンとして鳴らした教授の歴史を思い起こさせてくれる。新しい音に聴こえないのは、多分このAOR臭のせいかも。

さて注目は甲本ヒロトが畑違いともいえる音にどのようなコトバを載せ、また歌ってみせてくれるか、そこに尽きるだろう。これが思ったより自然なのにはちょっとびっくりした。

考えてみれば、もともと彼の作風というものは、ロック系にはめずらしく符割りが大らかで童謡的とさえいえる。この曲のゆったりとした旋律が案外生理に合ったのかも知れない。聴いていると、いつものように彼らしく判り易いメッセージを、うまく音に載せて、違和感はない。エレキバンドと対の形だけではなく、このようなクール な打ち込みトラックでやる甲本ヒロトも〝有り〟だなと思わせるだけの出来になったと思うのだが、気になるのは、この企画そのものに今ひとつ煮え切らない印象の残る点である。出来れば、このコラボレーションでもうしばらく曲をためて可能性を試してほしい。ここがスタートラインなら意味がある。そういうCDなのではないだろうか。

2002/7/4

前川清が福山雅治をプロデューサーにむかえて『ひまわり』を吹き込んだ。何か本質的な部分で相性がいいのか、無理なく前川清を、ほんのちょっとだけリフレッシュさせることに成功した。このほんのちょっとは、実は大変な価値かも知れない。福山人気だけで売れたのではない、と私は思う。

47

桜のころ
坂本龍一、甲本ヒロト、DANCE☆MAN、What's Love（ワーナーミュージック・ジャパン）

作詞／甲本ヒロト　作曲・編曲／坂本龍一
〝W杯日本応援ソング〟というわりに寂寥感漂うジャケ。

48

ひまわり
前川清（テイチク）

作詞・作曲／福山雅治　編曲／井上鑑
さりげない打ち込みサウンドを演歌歌手・前川が力まず歌い上げたポップスナンバー。２人は長崎出身同士。

亜麻色の髪の乙女／島谷ひとみ
君ヲ想フ／元ちとせ

25

『亜麻色の髪の乙女』にカヴァー物の大いなるヒントが

この島谷ひとみの『亜麻色の髪の乙女』をCMで聴いた時はそれほど強い印象ではなかった。多分、ほとんど歌だけしか聴こえなくて、その声も普通に上手だったから、というのも理由になっているようでなってないが、要するに最近あまたあるリバイバル曲カヴァー物のなかで面白いと思うヤツは大体懐かしさ以外の何かがある。その点で心の琴線に触れてこなかったのだ。

それが、有線で椎名林檎の『木綿のハンカチーフ』とか原由子の『太陽は泣いている』とか次々とかかっていた日、はじめてコレのフルバージョンに接して、ちょっと見かたが変わった。

オリジナルはGSのなかでもカレッジフォーク色の強いヴィレッジシンガーズである。リズムに重きをおくサウンドではなかった。あくまでメロディの曲である。そうした前提をふまえながら、いい具合にこの時代のグルーヴに骨を入れ替えて、コンビニ映えする、ちゃんと下世話な新しさのあるダンス系の音に仕上がっていたからである。

カヴァーをやる場合、ひとつは〝やる意味〟みたいなものを強調する方法がある。商業的なヒット曲をパンキッシュに扱うとか、自分のルーツを探るとか。それ等は、オリジナルと聴き比べると、よりプライベートな「作品的」表情を持つ。リスナーは楽曲ともども楽曲にむけた熱い想いを味わわせられるというか。

熱い想いの質や量はともかく、今出ているカヴァー物の大半は、そちらの側に属するだろう。

今回の島谷ひとみを、いくつかのカヴァー物と続けて聴いた時に、これだけ妙にうしろに何もない感じがした。

ドライなアプローチといってもよいが、この島谷バージョンをなかなか良いと思ったのはそこである。そして、一般にそのような姿勢のカヴァー物にありがちな詰めの甘さがない。つまりはアレンジの目くばりが利いている。それが実験でもないレトロでもない、普通の今の音楽として『亜麻色～』を成立させた大きな要因だと思うのだが、キモはテンポの設定にある。オリジナルより若干速めにすることにより、本来の味をそこなうことなく、踊れる音楽に変身させたのである。もともとフォークロック的だった原曲から、唯一今日のフロアにつながる要素、シェイクのリズムの存在を見付け、その上に肉付けを行った。昔の曲を眺める時、ややもするとメロディや歌詞に目がいきがちなこのところのカヴァー物ブームであるが、あの時代のリズムに着目したこのアレンジは、これから先、旧譜をよみがえらそうとする時の大いなるヒントとなるのではないか。今日ちゃんと聴き直してあらためてそう思った次第である。

元ちとせの第二弾であるが、この人は何といっても声だろう。最近は、コンピューターの発達によりひと昔前にはありえなかった音響がポップスのCDでいくらでも聴けるようになった。

肉声に関しても、まず好きなように作り替えることが可能といっていい。しかし、それはあくまで人工的なもので、音として面白くとも、歌い手の口からじかに出てきた風には聴こえない。

彼女のすごいところは、この不思議な声が、肉声以外の何ものでもないと、誰にもわからせる力を持っているところだ。いかにもな楽曲ばかり歌うようにならないことをいのる。

2002/7/11

49

亜麻色の髪の乙女
島谷ひとみ（エイベックス・トラックス）

作詞／橋本淳　作曲／すぎやまこういち　編曲／大槻"KALTA"英宣
昨年はジャネット・ジャクソンのカヴァーでヒット。なんとデビュー曲は島田紳助作詞の演歌『大阪の女』。

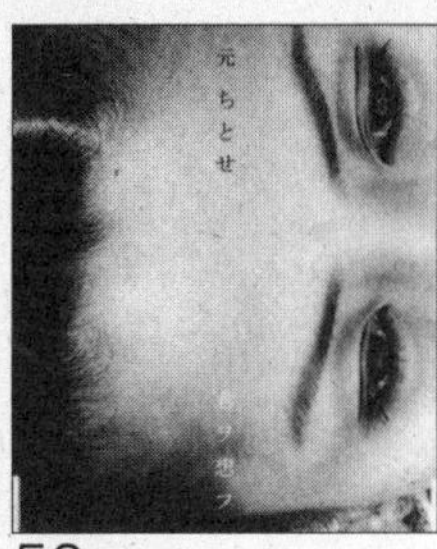

50

君ヲ想フ
元ちとせ（エピックレコードジャパン）

作詞／元ちとせ　HUSSY-R　作曲／ハシケン　編曲／間宮工
奄美の島唄で鍛えられた独特なあのコブシ声にホレたディープ・フォレストがサンプリングに元の声を起用したとか。

東京／桑田佳祐

恋のマイレージ／RAG FAIR

26

ロックとしかいいようのない桑田佳祐『東京』に興奮した

この『東京』の桑田佳祐は今までの桑田佳祐と違う感じがする。

最初に聴いたのは、朝のＴＶで、その日が本邦初公開というクリップが流されると、映像の密度の高さ、そしてそれ以上に、音楽にみなぎる力に圧倒され、私はおもわず手を止め画面に見入ってしまった。

まずリズムの重さに惹かれた。最近ではあまり耳にすることのない、ピアノの三連コード弾きであるが、これが本当に重たい。そしてただ重いだけではなく、もう音がつらい。つらい何かを表現せずにはいられぬ。押しころした叫びのようなものが、そのピアノのなかに詰まっているのだ。

とにかく演奏に命がこもっていて、それはまるで昔よく聴いたロックを思い出さずにはいられない。

だが、重要なのは、そうしたある種古典的で生々しい演奏が、昔の景色を呼び起こすことの決してないことである。不思議なことに、この音から見えてくるものは、まさにクリップに描かれている殺伐とした今の日本の都会なのだ。いや、もしかしたらそれは映像のイメージが強烈だったからかも知れないが、そうだとしても、逆にいえばこの音がなければあの絵はそこまでの訴求力を持ち得なかったと思う。

桑田佳祐はメロディだという人がいる。それはたしかにそうに違いない。いつも美しく無理のない起伏のある旋律を書く。だが本当に面白いのはコトバの方ではないか。

この人の歌詞は、それだけを字にして読んでみると、意味が不明だったりする箇所がかなりある。行ごとの関連性のない場合も多い。『東京』でも例えば〽父よ母よ虚しい人生よ　というくだりを読むと、父と母は判るが、それ等と並列に抽象的な、虚しい人生というコトバが連ねられていて、感嘆の方向性が不一定である。更にいえばこの行に続くのが英語の〽Just wanna…do ya で、一体コリヤナンのこっちゃと思う。

ところが歌になったものを聴くと不思議とひとつまとまった世界になっているのだ。

つまり、それはどういうことかというと、桑田佳祐のコトバは、それ自体での完結をめざしていない。あくまで音との融合が前提になっている。まァ歌詞とはそもそもそういうものだとしても、彼以上に音との関係を有機的に作り上げられる人間はいないだろう。

ただ、この手法はごまかしのきくのもたしかで、ここ何作かどうも彼の作品は匂いだけで売っているように思えてならなかった。何となく切ない、懐かしい、という以外に感ずるものがなかった。

今作が違うといったのはそこである。桑田佳祐にこの現実がちゃんとフィードバックしている。彼が切り取った風景、その発露のあり方は、まさしく今日をきびしく反映し、結果、作品は歌謡曲でもポップスでもない、ロックとしかいいようのない、そして桑田佳祐としかいいようのないタフで独自なものとなっているのである。

2002/7/18

桑田佳祐で興奮出来て、私は本当に嬉しい。

ＲＡＧ ＦＡＩＲ。コレ名曲。この人達スリーファンキーズのカヴァーやったらいいと思うナ。ああいう明るさがあるからね。

51

東京
桑田佳祐（ビクターエンタテインメント）

作詞・作曲／桑田佳祐　編曲／桑田佳祐　THE BALDING COMPANY
昨秋のヒット『白い恋人達』に続くソロ作品。噂のPVで桑田は謎の中年タクシー運転手「石本」を熱演。

52

恋のマイレージ
RAG FAIR（トイズファクトリー）

作詞／土屋礼央　作曲／豊島吉宏　編曲／幾見雅博　RAG FAIR
ＴＶ番組内オーディション「ハモネプ」出身のアカペラ６人組。今回２枚のシングルを同時リリース。

愛の唄〜チョンマル サランヘヨ〜／チョナン・カン
幸せですか？／セクシー8

27

つんくプロデュースのカギは編曲者にアリ

つんくのすごいのは、いまだに肩に力の入ることのない状態をキープしていることである。実際は水面下に死にものぐるいの苦労のあるやも知れぬ。しかし少なくとも出来てきた作品にそうした気配はみじんもない。どれもこれも、料理でいえば炒めもののようで、勢いだけで作られたと思えるものばかりなのである。煮詰めたりこねくりまわしたり、そういったことと無縁のまま、走り続けてこられたプロデューサーは他にはいないような気がする。

この二枚のプロデュースにおいても、独特のフットワークは健在である。

まずチョナン・カンだが、この韓国語ＣＤの生まれたいきさつは各方面にくわしく案内されているので割愛させていただくとして、ここで思うのは、ダサさとカッコ良さのバランスのことである。例えばイントロ。

韓国語の甘いささやきに何とも工夫のないシンセ音が重なり、すかさず堂々のディスコ大会へと繋がってゆくのだが、アイディアのベタさ加減、下世話さ加減に失笑しつつも、音色やミックスにちゃんと今日的緊張感がある。それで思わず腰が動いてしまう。おちゃらけのようでいて実はしっかりダンスミュージックの要点だけは満たした作りになっているのである。

ということは結局アレンジの仕事が光ってい

るのだろう。鈴木Ｄａｉｃｈｉ秀行とクレジットされている。どんな人なのか知らないが、いつもつんくはアレンジャーの選定が心にくい。つんくの才能のうち、アレンジャーの采配センスというのは、なかでもきわだっているように思う。今日、楽曲を生かすも殺すも編曲次第といっても過言ではないからだ。もし、いちいちつんく本人が編曲にまで手を出していたら、ここまでの隆盛をみることは、なかったのではないだろうか。

さて鈴木Ｄａｉｃｈｉ秀行のアレンジで耳に残ったのは、ハイハット使いの巧みさだった。ダンスミュージックではキック（バスドラム）とともにハイハットはカッコ良さを演出する大切な要素である。二者の関係が悪いと、途端にリズムの躍動感が失われてしまう。理想は、キックの重さにハイハットがスピードを与える形だが、これがなかなか難しい。それでついつい無難な主張のないハイハットでお茶をにごすダンス系Ｊポップもある訳だが、この曲ではそうした逃げの扱いではないハイハットが聴けるのである。一種男ノリのようなものを『サランヘヨ』に感ずるのも、このハイハットの鳴り具合と無関係ではないと思う。

セクシー8の『幸せですか？』もアレンジャーは一緒である。こちらはぐっとテンポを落したR&B調の楽曲になっている。いわゆるディーヴァ系のものとの大きな違いは、この曲が歌うのに歌唱力をそれほど必要としない構造になっている点である。それが楽曲の変な——童謡のような——味わいになっている。

二作とも、あくまで子供向けのおもちゃのようなものではあるが、ついつい聴いてしまうとそれはそれで何かが面白い。

とにかくこの人の音楽がなくなったら世のなかがさびしくなることだけはたしかである。

2002/7/25

53
愛の唄〜チョンマル サランヘヨ〜
チョナン・カン（ビクターエンタテインメント）

作詞／つんく　チョナン・カン　作曲／つんく　編曲／鈴木"Daichi"秀行
オール韓国語の深夜番組でブレイクしたキャラに扮するはSMAP草彅剛。韓国でも本作が発売されたとか。

54
幸せですか？
セクシー8（ZETIMA）

作詞・作曲／つんく　編曲／鈴木"Daichi"秀行
つんくファミリー夏の恒例行事、混合ユニットのうちの一組。茶髪巻き毛にベビードール風衣装で、かなり挑発的。

Endless／小柳ゆき
願いの詩/太陽／コブクロ

28

小柳ゆき的80年代解釈は何だか再生産っぽい

今回の小柳ゆきは、80年代的な色あいの濃いサウンドとなっている。

まず、イントロもなく歌が始まると、これがどこかで聴いたことのある感じで、のっけから懐かしい。何の曲を想い出してしまうかというと、グロリア・ゲイナーの『恋のサバイバル』である。

この人は最初からちょっと昔っぽい雰囲気があった。今風のディーヴァなんて呼び方が一般に定着する前の黒っぽさとでもいいますか、アフロヘアーひとつとってみても、似合い方が違う。少なくとも宮本典子ぐらい年季が入っていないと、ああは自然なこなしにはならない。宇多田ヒカルとは対極の意味において、とても十代とは思えぬ風格をデビューですでに持っていた。

という訳で、ファーストシングルの曲調が全然DJっぽくなかったことも手伝って、どんどんディナーショー系の、つまりスローバラード中心の世界に入ってゆく人なのだろうと、当初見ていたのだが、あにはからんや、リズムやグルーヴで勝負をするシングルが案外多く、コレは嬉しい誤算であった。

以前にこのページでふれた作品では日本語の乗せにくいビートに作詞で挑戦を試み、またボーイズIIメンとのコラボレーションも手堅くこなし、着実にミュージシャンとしての印象を世間に根付かせ、若いのに歌が上手い、というだけではない存在に小柳ゆきはいつのまにかキャリアを積み上げた。

そのなかで、80年代の日本のディスコの匂いのようなものの現代的な解釈が芸風の一部となっていった。重たく進むボトムのグルーヴと歌謡的泥臭さのハイブリッドというならこの人の今日の説得力は大したものだと思う。

とはいえ、この『Ｅｎｄｌｅｓｓ』に若干のきわどさを覚えたのもたしかである。ここにグロリア・ゲイナー以外の要素としてうっすらとシティポップスの香りがする。それが気になってしまったのだ。シティポップスはすんなりと耳心地良く聴こえることだけが身上で、新しい快感を目指すことの決してなかった音楽。だったと思う。80年代とひと口にいっても色々ある。重要なのは、未来につながるものと、あそこで終ってしまったものの見極めではないか。その点で今回のシングルには、いささか甘い着地を感じてしまうのである。

丁度、ボーイズIIメンとのコラボレーションの時期、ラジオで彼女がしゃべっているのを聴いたことがある。その時、とても音楽を考えている人だと知った。ならばこそいいたい。今回の80年代は、前にドナ・サマー風の80年代をやった時とどこが違うのか。トラックの出来とかクオリティは高いと思うが、何だか再生産っぽい。うまくいえないが、今、ここいら辺のディスコっぽさは急激に古めかしくなりつつある。そうした認識がこの音からは感じられないのであった。

コブクロのシングル。

自分の過去の想い出をふり返る内容の歌であるが、びっくりしたのは歌詞中自分の父親をパパと呼んでいることだ。まァ別にどうでもいいけど。二十五歳の二人組である。パパで恥ずかしくないのか。久々に世代のギャップというものを感じたです。

2002/8/1

55

Endless
小柳ゆき(ワーナーミュージック・ジャパン)

作詞／小柳ゆき　小林和子　作曲／杉浦篤　編曲／藤野将人
パンチが効いた髪型同様、気合は十分。宮本典子は80年代活躍の伝説のシンガー。ドラマ「探偵家族」主題歌。

56

願いの詩／太陽
コブクロ（ワーナーミュージック・ジャパン）

作詞・作曲／小渕健太郎　編曲／笹路正徳
黒田俊介、小渕健太郎によるストリート系デュオ。１曲目はＡＢＣ夏の甲子園テーマ曲。

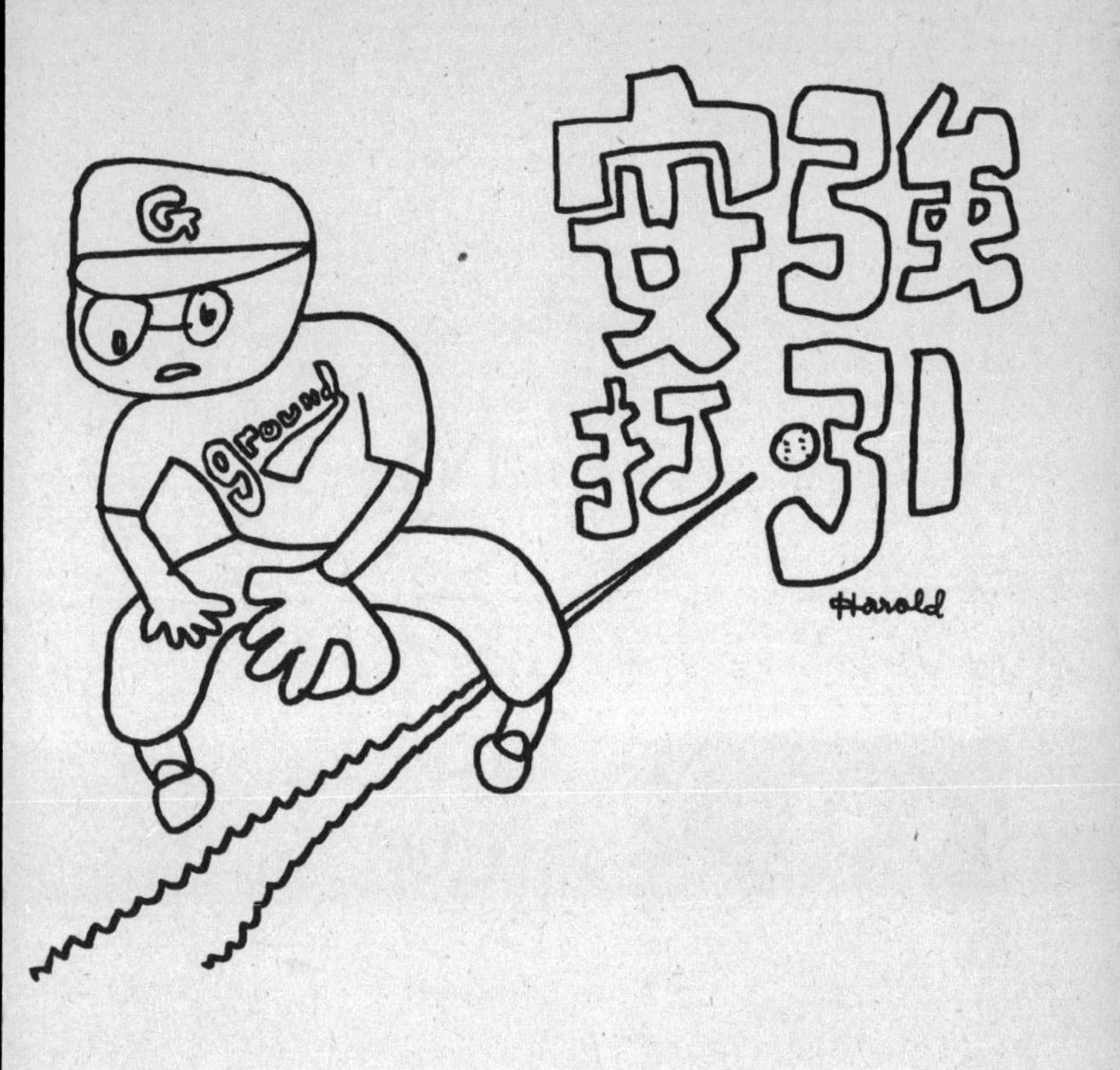

FLOATIN'／CHEMISTRY

ランブル/サンセット／GOING UNDER GROUND

29

冒険的なリズムが浮いたCHEMISTRY『FLOATIN'』

ＣＨＥＭＩＳＴＲＹの新曲をＴＶで観ていたら、何だかギクシャクした印象だった。多分、まだ歌い込みが足りないのだろう、ぐらいにその時は思っていたのだが、ＣＤを聴いてみると、これはもともとそういうものだった。

ギクシャクの原因は歌とアレンジの関係だった。この曲はリズム、ことにドラム関係の作りに特徴がある。いわゆる打ち込みと呼ばれる、コンピューターでプログラムされた、その人工的なサウンドとグルーヴは、最近のダンスミュージックによく聴かれるもので、突然止まったような部分やシンコペーション部分があたかも設計された風にからむ。わざと不自然にして、緊張感とドライヴ感を与え、トラックを刺激的にする手法である。

正にデジタルなリズムといっていいと思うが、果してこの曲にそれが見合っていたかどうか。何度聴いてもＣＨＥＭＩＳＴＲＹの二人が歌いにくそうなのである。そう聴こえてしまうだけなのかも知れないが、とにかくバックトラックの複雑で厳密な時間軸の流れは、歌うタイミングに少しのあいまいさも許さない。そのことにものすごく神経を使って吹き込んでいる様子がＣＤから伝わってきてしまうのだ。特にバスドラムがミュートされたりする箇所では、歌のリズムの裏表が一瞬見えにくいから、よけいにそう思える。

ひとことでいうと、こういったリズムのアレンジにおいては、歌に内在するリズム感が、バックトラックのそれを凌駕することが前提である。その点において、ここでの二人は今ひとつなのだ。

といった歌い手のスキルの問題もあるが、それより思うのは、曲調とリズムアレンジの時代性のズレである。曲がアレンジに比べ若干昔っぽい。昔っぽいといって語弊があるのなら、新しき快感がない。オーソドックスな甘さ以外の、ちょっとイヤな感じみたいな味付けがないと、こうした冒険的なリズムは浮いてしまう。これなら普通のアレンジで判り易さに終始した方がユーザー的にはありがたかった気がする。


それはそうと、歌い出しに、〝やっと ありつけたはずの 食事（傍点近田）とあるのだが、ということは食事にはありつけなかった訳ですよねぇ。この一行がひっかかっちゃって。あと〝欲しいものは 手に入れた すべて という勝ち組的な発言と、負け犬感の強い〝頭を下げて済むなら まだ ましだろう の関係も、読んでいて心の持って行き場所がなくて困った。TVで歌うのを見てたらすごくシリアスな顔だったので、一体どんなイメージを頭に描いて歌っているのか、ちょっと知りたくなった。ディレクターの人とか、もう少し歌詞の意味のチェックした方がいいんじゃないすかねェ、業界全体的に。相変わらず気持の良いノドではありました。ということで……。

2002/8/8

GOING UNDER GROUND。ブルーハーツに憧れてバンドを結成した人達だそうで、たしかにメロディや歌に影響も散見出来るが、音響的な魅力のあるところが新しい。キーボードのセンスがいいのかも。独特でナチュラルで、これからに期待したくなるバンド。

57

FLOATIN'
CHEMISTRY（DefSTAR RECORDS）

作詞／立田野純　作曲／松尾潔
YANAGIMAN　編曲／I.S.O.
これまでスローやミディアムテンポな曲の印象が強かったが、今回は〝2ステップ〟のリズムに挑戦した。

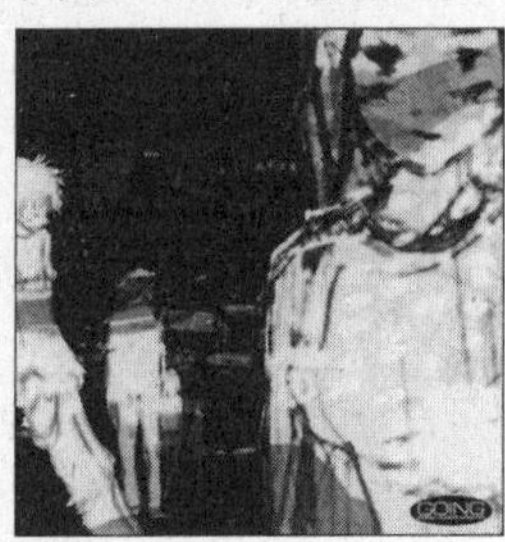

58

ランブル／サンセット
GOING UNDER GROUND
（ビクターエンタテインメント）

作詞・作曲／松本素生　編曲／上田ケンジ　GOING UNDER GROUND
分厚いメガネでちょっぴりFATなVo&ソングメイカーの松本素生ほか5人組叙情派ロックバンド。

裸の王様／LOVE PSYCHEDELICO
閃光／U A

30

空疎なコトバの世界、LOVE PSYCHEDELICO

UAとLOVE PSYCHEDELICOの新曲を続けて聴いた。

まず、LOVE PSYCHEDELICOの方からいうと、サウンドは基本的にアコースティックギターが支えている。そこにトレモロのきいたエレキギターがアクセントの役割で加わって、70年代の西海岸風のフォークロックのようだ。コード進行とか間奏の入り方とか、私なんかの世代には、青春の想い出がよみがえってきてしまいそうな、そんな作りである。といって、いつも思うのだが彼等の音楽はどこかで昔聴いたことがあるようで、では本当に昔そういう音があったかと探すと、ありそうでなかなかその雛形が見付からない。

この既視感のようなものをリスナーの心に生じさせるところがLOVE PSYCHEDELICOの魅力なのだろう。

何にせよ、ありそうでなかった感じの演出が、この人達は本当にうまいと思う。

うまいといえば、この人達の曲のなかのコトバの選択である。耳に残すべきもの、どうでもいいつなぎのような部分、そのバランスが絶妙なのだ。だから、曲がストーリーではなくイメージの形で聴き手に伝わってくる。

それにしても、本当に近頃の日本のポップスは歌詞カードを読むだけでは意味の判らないものが多い。この『裸の王様』も頭っから難解である。〽妄想はすれ違う度／好きな言葉で言う／叫びたくとも叶わない日々に／How I wonder

まア、だからこそイメージなのだろうが、このコトバの連なりから、一体若者達は何を頭に浮かべるのか。大体、書いている人のなかに確固とした手応えはあるのだろうか。流して聴いている分には〝イメージ〟もいいんだけど、一歩踏み込んでこの歌の世界を探ろうとすると、ただちょっと効き目のあるコトバが断片的に置かれているに過ぎない風にもうつる。雰囲気はあるが空疎、な気がしてしまうのは私だけなのだろうか……。うまいといったのは、そういった意味ででもある。

UAの新曲は、エレクトロニカ方面では世界的評価を得ている、rei harakamiとの共同プロデュースである。

実体のない楽音（何の楽器でもないの意）が深い響きをもって立ち上がってくるイントロから一貫した、奥行きのあるストイックなトラックと肉声の関係はとても自然で、機械で作られたというより、クールなフュージョン――例えばパット・メセニー――のような趣である。上等なインテリアとのマッチングのよさそうな仕上がりは流石だと思うが、この曲も、歌詞がLOVE PSYCHEDELICOと同じように要約の大変なものとなっている。〽胸に生える羽根は雲を切ってここを見おろすように／尋ねるよ　とか〽私の奥に射し込む光

は／貴方の瞳の奥に在る一筋のラインを超えて
くる　とか。
演歌の人に歌ってもらったりしたら、少しは
コトバの意味が見えてくるのだろうか。

正直いって、こういう歌詞って気取り過ぎな
気がしちゃうんだけどなァ、オレなんかの場合
……。

2002/8/15.22

59
裸の王様
LOVE PSYCHEDELICO（ビクターエンタテインメント）

作詞・作曲・編曲／LOVE PSYCHEDELICO
97年青山学院大の音楽サークルで結成。７枚目の本作はデビュー前に作られていた曲だそう。

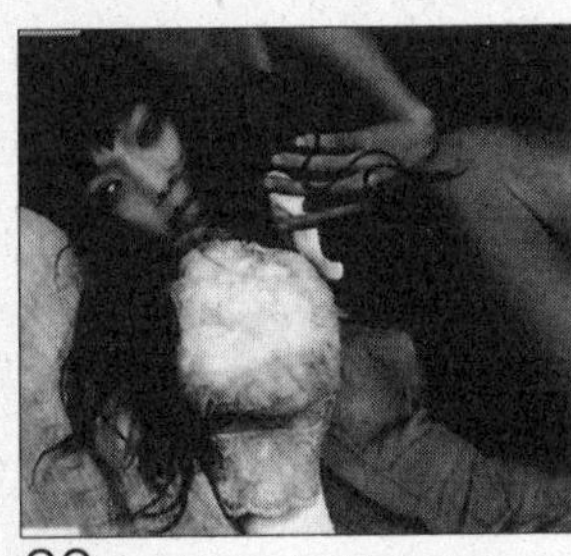

60
閃光
ＵＡ（ビクターエンタテインメント）

作詞・作曲／UA　編曲／UA　Rei Harakami
浅井健一らとのユニットAJICOを経て、３年ぶりに再びソロ活動を開始した。最近は教育番組で「歌のお姉さん」に。

Child prey／Dir en grey

渚の国／キセル

31

Ｄｉｒ ｅｎ ｇｒｅｙで味わう「しめり気のあるスリル」

今週はＤｉｒ ｅｎ ｇｒｅｙとキセルの新譜である。どちらもまだ聴いたことがない。

Ｄｉｒ ｅｎ ｇｒｅｙから聴くことにした。彼等の過去の作品は耳にしたことがあって、その時たしかものすごかった記憶があるが今作ものすごかった。

近頃の和物は歌詞が色んな意味でちと判りにくい（そういえば昔、ＧＳとかの時代に大人の人が、そんなことをよくいっていた。歳ということなんですかね）。で、ＣＤを聴く前に歌詞カードを眺めて心準備をした方がいいかなと思って、ジャケットを開いてびっくりした。『Ｃｈｉｌｄ ｐｒｅｙ』は英語の歌だったのだ。判るとか判らないの問題ではなかった。大体、ここには英和辞典がない。恥ずかしながら〜Ｎｕｒｔｕｒｉｎｇ ａ Ｗｉｌｄ なんて書かれていても何のこっちゃいなのである。私の語学力では。

いや、びっくりしたのは実はそういった事情ではない。この人達はいわゆるヴィジュアル系である。Ｘ−ＪＡＰＡＮはＹＯＳＨＩＫＩのプロデュースでキャリアをスタートさせたことで知られたバンドである。すなわち、ライヴ会場に満パイの女の子達が演奏曲を唱和するスタイルをとっているだろう。その光景がとっさに頭に浮かんだ。「ひぇ〜。みんな英語でこぶし挙げてるんだぁ」

時代も変わったもんだと思ってびっくりしたのであった。という訳で、こうなれば音を聴くしかない。という意味では久々に音を聴くのが楽しみなCDともいえる。

曲が始まると、まず音圧におどろかされた。思わずボリュームを下げてしまったほど音が大きい。そして、なかなかカッコいい。アメリカのスケボー系のタトゥーを入れてる感じのタフなロックもろのサウンドなのだが、地に足が着いているというか、その土俵でガチンコでやれる重さと丈夫さとハデさを、無理なく出しているのだ。楽曲とミックスの有機的な一体感の作り上げるパワーは、人種や民族を超えて、こうした音の好きな人間を興奮させるに充分な説得力を持ったものだと思う。

その上で、かすかな味付けとして、ところどころのコード進行などにヴィジュアル系特有の甘さを最低限まぶしてある。このさじ加減こそ、この作品の価値といってよい。結果『Ｃｈｉｌｄ ｐｒｅｙ』は剛速球のロックながら、米英のものにはない含みのようなものを曲中に残せた。ちょっと今までにないしめり気のあるスリルが味わえるのだ。

となると、歌詞の英語というのも、冒頭とは違う見え方になってくる。

聴くと判るのだが、このミックスのなかではコトバはほとんど破壊的な処理がほどこされていて、もうヴォーカルと呼べぬものになっている。つまりサウンドの一部と化している。その前提で、選ばれた英語の響きは、たしかに楽曲をより立体的なものにする役割をになっているのだ。何にせよ彼等が一般のJポップ的ロックではくれない音を求めていることは間違いない。そのエネルギーが、ものすごかったのである。

キセルは、そのあとに聴くと絶対的体力で負けてる気がした。

2002/8/29

61

Child prey
Dir en grey (Fire Wall Division)

作詞／京　作曲／薫　編曲／Dir en grey
バンド名「ディル アン グレイ」。サウンドは欧米的だがアジアで大人気。絶叫系Vo.京は意外と病弱らしい。

62

渚の国
キセル(ビクターエンタテインメント)

作詞・作曲／辻村豪文　編曲／キセル
辻村豪文と弟・友晴による京都出身の兄弟ユニット。儚げな歌声に蜃気楼のような打ち込み音が程よくからむ。

ハネモノ／スピッツ

World needs love/Earth Harmony

32

草野マサムネの声がもたらす〝にがみ〟の隠し味

スピッツが八カ月ぶりにシングルを出した。イントロは、リズムボックスとギターのシンプルなもので、そのミニマル感はとても今日的だが、どこか懐かしくもある。多分、リズムが昔のエイトビート風だからだろう。

スピッツを聴いていると、いつも決して最先端という感じはしないものの、的確に時代の風はつかんでいる。そんな気にさせられる。このイントロも丁度よく今の空気をかもし出しているように思う。

いつも感じるといえば、何故か彼等の曲が鳴っていると空が遠くにあるように思えてならないことだ。この現実より少し広々とした世界がスピッツの音のなかにはある、といってもよいが、その世界は少し広い分、少しさみしい。そしてさみしさに対して前向きなような、感傷的なような、そこいら辺ビミョーな気分にさせられるのだ。

音にもコトバにも、さわやかさと同時ににがみがある、ということだろうか。ほんの隠し味程度だが、スピッツにはにがみがある。このにがみのおかげで、大人でもそれほど照れることなく曲と付き合えるのかも知れない。

にがみは何といっても草野マサムネの声である。この人の声は、基本的には透明感のあるものだが、ここぞという箇所で、実に気持ちよく、うすくしわがれてくれる。そして重要なのは、しわがれてから一層声の伸びることである。普通は、声がかれるということは声が伸びなくなることだ。

エレキギターのディストーションが快感なのは、ひずんだ音が持続するからである。ひずんだ音がなめらかに持続する時の、抵抗感というか刺激というか、草野マサムネの歌は、みかけより内圧が高いのである。

と色々書いてきて思ったのは、つまり、この人達の音楽が二律背反的なものを持っている。といって、それが表面からは見えにくいものである、ということだ。

ま、そんな理屈っぽくせず、単に流して聴いて、スピッツの気分にひたるというのが、この季節にはふさわしいのかも知れないが、こんなオーソドックスな音が、古臭くは決して思えぬのは一体どうしてなのか、秋の夜長に考えてみるのも、いいんじゃないでしょうかね。『ハネモノ』というタイトルもいわくありそうでなさそうだし……。

もう一枚は、w-inds.、FLAME、Folder5の合体ユニットである。先のワールドカップではない世界サッカー大会のテーマだそうだ。

聴いていると、どの部分を誰が歌っているのかよく判らない。今時の子供達の声というものがここまで同じとは。耳にしてみてあらためてそのことを思ってしまった。

曲は可もなく不可もなくといった出来で、特別に強い印象ではなかった。とはいえ商品としては、ていねいな仕上がりで、ハモリなども安心して聴ける。

ただ、どうして、このユニットなのか、楽曲を聴く限りでは、必然性があまり感じられぬ。モーニング娘。関連のようにメンバーのシャッフルを始めるつもりとも思えないし……。意味の今ひとつハッキリしないCDでした。

2002/9/5

63
ハネモノ
スピッツ（ユニバーサルＪ）

作詞・作曲／草野正宗　編曲／スピッツ　亀田誠治
メロウな曲調の『水色の街』と共にシングル２作同時発売。気がつけば結成15年目。「カルピス」TVCM曲。

64
World needs love
Earth Harmony（ポニーキャニオン）

作詞・作曲・編曲／T2ya
人気ティーン・アイドル３グループが集結の事務所企画？　合計12人の歌声を聞き分けられたらエライ！

SUPER LOVE／SUGIZO&THE SPANK YOUR JUICE

北風と太陽／YeLLOW Generation

33

SUGIZOの新天地にはワムー的〝夏〟が漂っている

もうLUNA SEAが解散して二年近くなる。時のたつのは本当に早い。

さて、ギタリストのSUGIZOがこのほどソロプロジェクトを立ち上げた。

その全盛の頃から、ヴィジュアル系一般に関し誰しもが思ったろうことは、歳とったらどうなるのか、ではなかったかと思う。やはり、体型とか化粧とか、耽美を貫くのには無理が出てくる。それぞれがその問題に解答を示さねばならぬ時が必ず来る。

この『SUPER LOVE』という曲であるが、まずジャケットを見るとなかなかに強気だ。イージーにいえば外国雑誌の表紙とか映画のポスターとかの感じで、勿論本人はびしっとキメていて、ヴィジュアル系に生きる決意みたいなものが伝わってくる。なにより絵ヅラ、というこだわりは、旧バンド時代より濃くなっている気さえするほどだ。

であるが、そのジャケットからは、LUNA SEAのような音は響いてこない。そこら辺、ユーザーの気をうまく引く作りになっていると思う。ちょっと音をチェックしてみたくなる色気が、このデザインにはあるのだ。

という訳で早速CDを聴くと、はじまりから、かつてのバンド時代とは違うものを目指しているのが判る音である。明るいのだ。ファンキーなのだ。ホーンセクションまで入っている。

そういえばジャケットのタイトルの字体、どこか70年代のブラック系ムーヴィーっぽかった。ちなみにホーンセクションはスカパラである。

聴き進むうちに、何かと共通する気分を持った曲だという気がしてきた。あれこれ頭に思い浮かべていると、米米クラブ的といえばいえなくもない。しかしそれでは今ひとつピンと来ない。そうだ！　ワム！だ。あの、『クラブ・トロピカーナ』をはじめて聴いた時、同じようなウキウキした気分になったのだった。

曲そのものが似通っているという訳ではないのだが、何だかこれのバックに『クラブ・トロピカーナ』のクリップを流してみたくなった。

この曲には夏が漂っている。その夏が、TUBEやサザン、はたまたユーミン達が作り上げてきた、湘南からハワイ、西海岸へと続くJポップな景色とは違う色合いを持っている。ヨーロッパのリゾートというかホテルのプールというか、かすかな退廃のにおいのする、そんな夏なのだ。で、かの『クラブ・トロピカーナ』を思い出してしまったのであった。

そのこととは別に、SUGIZOの歌がかなりイケるというのも曲の大いなるアドヴァンテージとなっている気がした。ちょっと河村隆一と似ていなくもないが、どこかディテールが遊び人ぽい。いい具合にルーズで、この曲の雰囲気にピッタシなのだ。ギタープレイヤーらしい独特のドライヴ感も心地良い。

どうやらSUGIZOは、LUNA SEA

とは文脈の別なハデなかっこうの似合う世界を見付け出したようである。

考えようによっては、ワム！もヴィジュアルの人達だった、とふと、そんなことにも気付いたのだった。

2002/9/12

YeLLOW Generation。正統派のアイドル根性を感じさせる歌声だ。

65

SUPER LOVE
SUGIZO & THE SPANK YOUR JUICE（イーストウエスト・ジャパン）

作詞・作曲・編曲／SUGIZO
これまでの耽美系イメージのシリアス路線に疲れちゃった反動でハジけたらこうなったんだとか。

66

北風と太陽
YeLLOW Generation（Def STAR RECORDS）

作詞／おちまさと　作曲／渡辺未来
編曲／家原正樹
ポエトリーリーディングもこなし、〝詞が命〟と明言する新人女子３人組。放送作家おちまさとプロデュース。

星空の秋子／氷川きよし
大きな古時計／平井堅

34

デビューから四作。氷川きよしのスケールの大きさが見えてきた

イントロからまるで絵に描いたような演歌である。今、このような音でアナクロを感じさせないのが、氷川きよしのすごいところである。

要するに勢いがある、ということなのだろうが、歌いっぷり、あるいは歌い手の存在そのものに説得力がなければ、いくらTV等で盛り立てても、簡単に勢いなど、つくものではない。

ましてや演歌である。ジャンル自体が終ってしまったといわれて久しい。そのどまんなかにいるのだ。Jポップで人気者になるのとは訳が違う。本人の実力もさることながら、この人は制作陣にも恵まれているのだろうな、と『星空の秋子』を聴きながら、そんなことを思ってしまった。デビューからのシングル四枚、考えてみると、どれも焦点にボケがない。

いつのまにか演歌というと、夜のネオン街以外に似合う場所のない音楽になってしまった。そこをビミョーにはずしているのである。もう少し原風景的というか、盆踊りや村祭を思い起こさせて、どこか遠くの方から風にのって聴こえてくるような、そんな音になっている。演歌が本来持っていた、ある種のおおらかさの復権、といっては大袈裟かも知れないが、この殺伐とした時代に求められるものを真剣に作ろうとしている。演歌でしかあらわしようのない明るさとでもいったらいいか、その具体的な演出が、

どのシングルにもキチンとなされているのである。

さて『星空の秋子』だが、あいかわらずいいのがサウンドプロダクションである。全部（おそらく）生の楽器で演奏されていて、そこに人が居て音を出している感じが伝わってくる。その雰囲気が、曲をとても生きたものにしている。これがシンセ中心の打ち込みで作られていたら、味わいも半減していたことだろう。今時、生っぽい音は単に古臭く聴こえてしまう場合が多いのだが、この曲のように確信犯だと、かえってフレッシュに響く。この音、近頃のいい方をすれば、カラダに優しいのである。

『星空の秋子』というタイトルは直球勝負のようでいて、少しふざけた感じもあって、この時期の氷川きよしのシングルにふさわしいものだ。堂々としてはいるものの、ひっかかるものがある。カッコいい！といい切るにはひっかかるものがある。そんな彼のイメージがこのタイトルで一段と固まったからだ。

この曲が果してデビュー作を超える売り上げとなるかは判らない。しかし重要なのはそのことではない気がする。今まで以上に氷川きよしというブランドが世に定着するか、その方が大きい。そういう意味では今回の楽曲はひとつ確実に地盤固めが出来た。デビューから四作かけて、やっとそのスケールの大きさが見えてきた、と思う人も多いと思うのである。

平井堅はあの童謡『大きな古時計』をシングルで出してきた。この曲をうたうきっかけとなった番組を観ていた時から思っていたのだが、そこまで気合いを入れて目を閉じて歌わなくともいいんじゃないか。何だか聴いている方がくたびれてしまうのだ。それにR&B的なファンの人達は、もうちょっと本音をいうと色気のある歌を望んでいると思う。いくら企画モノでも。

2002/9/19

67

星空の秋子
氷川きよし(コロムビアミュージックエンタテインメント)

作詞/仁井谷俊也　作曲/水森英夫
編曲/伊戸のりお
オリコン初登場3位は演歌史上、石原裕次郎に次ぐ快挙。ミョ〜な腰付きの踊り（自作）は一見の価値アリ。

68

大きな古時計
平井堅(DefSTAR RECORDS)

作詞/Henry Clay Work　保富康午
作曲/Henry Clay Work　編曲/亀田誠治
原曲の作曲家のルーツ探訪企画出演が縁でＮＨＫ「みんなのうた」に。あのブームは一体ナンダッタノカ？

恋人/Love Balladeは歌えない/氣志團/清水宏次朗

コ・ウ・カ・イ/石井竜也

35

単なるキワモノでは絶対にない。音楽集団・氣志團

いつだったか忘れたが夜中にTVをつけたら氣志團が出ていた。何だか判らないがものすごいインパクトだった。

曲調とキャラクターが合っているようで合っていないような、そのバランスが絶妙で、久々に、こいつらおちょくってる、と思わせてくれるパフォーマンスだったのだ。

どういうキャラクターでどういう曲調かというと、まず恰好はバリバリである。顔立ちから着ているもの、身のこなしからすべて、ヤンキー百%。つまり横浜銀蝿を思い描いていただければいい。それのもっと質(たち)わるくした感じが六人。曲調はうまくいえないが、色んな要素が強引にミックスされていて、誤解を恐れずにいえばかなりポップ。普通、このルックスなら〝ロカビリー〟とかひとことで片付けられそうな音をやりそうなものである。それが、ちょっと今までになかった肌合いの面白い音を出していたものだから、ビックリした。

という訳で、氣志團に関しては、デビュー曲から気になっていたのであるが、今回第二弾のシングルを聴き、気になるどころではない、こりゃホントに大物の可能性がある。少なくとも単なるキワモノでは絶対にないと確信にいたったのだった。

結論からいうと、彼等の音には確固とした、

日本におけるポップミュージックとは何ぞや、という論が軸として感じられるのである。それも音楽を研究してきた人達の論ではなく、もっと動物的な直感に基いたものだから、伝わり方が小気味いい。『恋人』を聴いていると、あっけらかんとした俯瞰で、この国特有の音の匂いとでもいったらいいか、そういったものを教えられるのである。

いい換えれば、土着化した洋楽の、今日的発展型を、彼等氣志團は、いとも易々と作り上げてしまっているのだ。

この曲でまず思うのは、引用のセンスの良さだ。おそらく彼等が十代だったであろう頃によく耳にした、いわゆるエイティーズ的なフレーズやコード進行。ストック・エイトキン・ウォーターマンを彷彿とするようなサウンドが感じられる一方、そこにごく自然に、銀蝿的なあざとさがからみ合い、更にはかの一世風靡さえ思わせる野太さが加わり、しかも、全体はまるで当時のTVの歌番組のような音像である。この質感のまま、21世紀の風景を実感させてくれる。あるいはもっと近未来的にさえ思えるのは、要するに、そうした引用がいちいち、ちゃんと氣志團というフィルターを通して、意味の変換のなされたものになっているからである。ひらったくいえば氣志團という態度が、実にアップツーデートなのだが、何にそれが一番表われているかといえば、楽曲の構成である。これは、今の時代の音楽を音楽家として捉えていない限り生まれて来ない。

2002/9/26

この人達は、今、何をやってもおかしくない。氣志團は、最近の音楽集団では一番自由な器なのではないか。それこそヒップホップからトランスまで。どんなスタイルを引用しても彼等らしさのなかに収まることだろう。次のシングルが早く聴きたい。氣志團は今年はじめてそう思わせてくれたグループであった。

石井竜也。変わんないですねこの人。

69

恋人／Love Balladeは歌えない
氣志團，清水宏次朗（東芝EMI）

作詞・作曲／綾小路翔　編曲／氣志團
ヤンキー的恋心を豪華なアレンジでまとめた全開ポップチューン。c/wは敬愛する元祖ツッパリ俳優の87年作品。

70

コ・ウ・カ・イ
石井竜也（ソニーレコード）

作詞・作曲／石井竜也　編曲／金子隆博
米米CLUB解散から５年。ソロ９作目のアレンジは元メンバーで義弟でもある金子隆博によるビッグバンドテイスト。

2002年7月1日付〜2002年7月29日付オリコン調べ

7

順位	得点	作品名 アーティスト	発売日	最高順位
1	450,620	東京 桑田佳祐	14.6.26	1
2	333,620	Any Mr. Children	14.7.10	1
3	224,330	楽園ベイベー リップスライム	14.6.26	2
4	124,080	恋のマイレージ RAG FAIR	14.6.19	1
5	110,910	アンセム〜2002 FIFA WORLD CUP(TM)公式アンセム ヴァンゲリス	14.3.27	5
6	94,330	Sheサイド ストーリー RAG FAIR	14.6.19	2
7	93,270	幸せですか？ セクシー8	14.7.3	2
8	92,490	幸せビーム！好き好きビーム！ ハッピー♡7	14.7.3	3
9	90,040	FLOATIN' CHEMISTRY	14.7.17	1
10	83,490	Feel your breeze／one V 6／V 6 feat. Shoo (S.E.S.)	14.6.12	5

Monthly Ranking

月間ベストセラー順位表

8

2002年8月5日付〜2002年8月26日付オリコン調べ

順位	得点	作品名 アーティスト	発売日	最高順位
1	812,480	independent (「H (independent, July 1st, HANABI)」(3曲A面)) 浜崎あゆみ	14.7.24	1
2	269,450	Do it! Now モーニング娘。	14.7.24	3
3	248,920	またここであいましょう GLAY	14.7.24	2
4	243,360	逢いたい気持ち GLAY	14.7.31	2
5	194,520	眠れぬ夜は君のせい MISIA	14.8.8	1
6	138,130	Any Mr. Children	14.7.10	4
7	120,620	STAND BY YOU!! SHAKA LABBITS♡175R	14.7.24	5
8	89,260	WILL 中島美嘉	14.8.7	3
9	67,840	Sincerely Yours/Can you feel the POWER OF WORDS? 愛内里菜	14.8.1	4
10	64,880	東京 桑田佳祐	14.6.26	7

9

2002年9月2日付〜2002年9月30日付オリコン調べ

順位	得点	作品名 アーティスト	発売日	最高順位
1	421,440	大きな古時計 平井　堅	14.8.28	1
2	138,270	VALENTI BoA	14.8.28	2
3	138,100	星空の秋子 氷川きよし	14.8.21	3
4	137,730	Because of you w-inds.	14.8.21	1
5	126,370	independent (「H (independent, July 1st, HANABI)」(3曲A面)) 浜崎あゆみ	14.7.24	4
6	122,260	北風と太陽 YeLLOW Generation	14.8.21	5
7	111,650	眠れぬ夜は君のせい MISIA	14.8.8	5
8	107,530	やる気! IT'S EASY 後藤真希	14.8.21	2
9	105,620	Like a star in the night 倉木麻衣	14.9.4	2
10	84,820	Pureness 上戸　彩	14.8.28	4

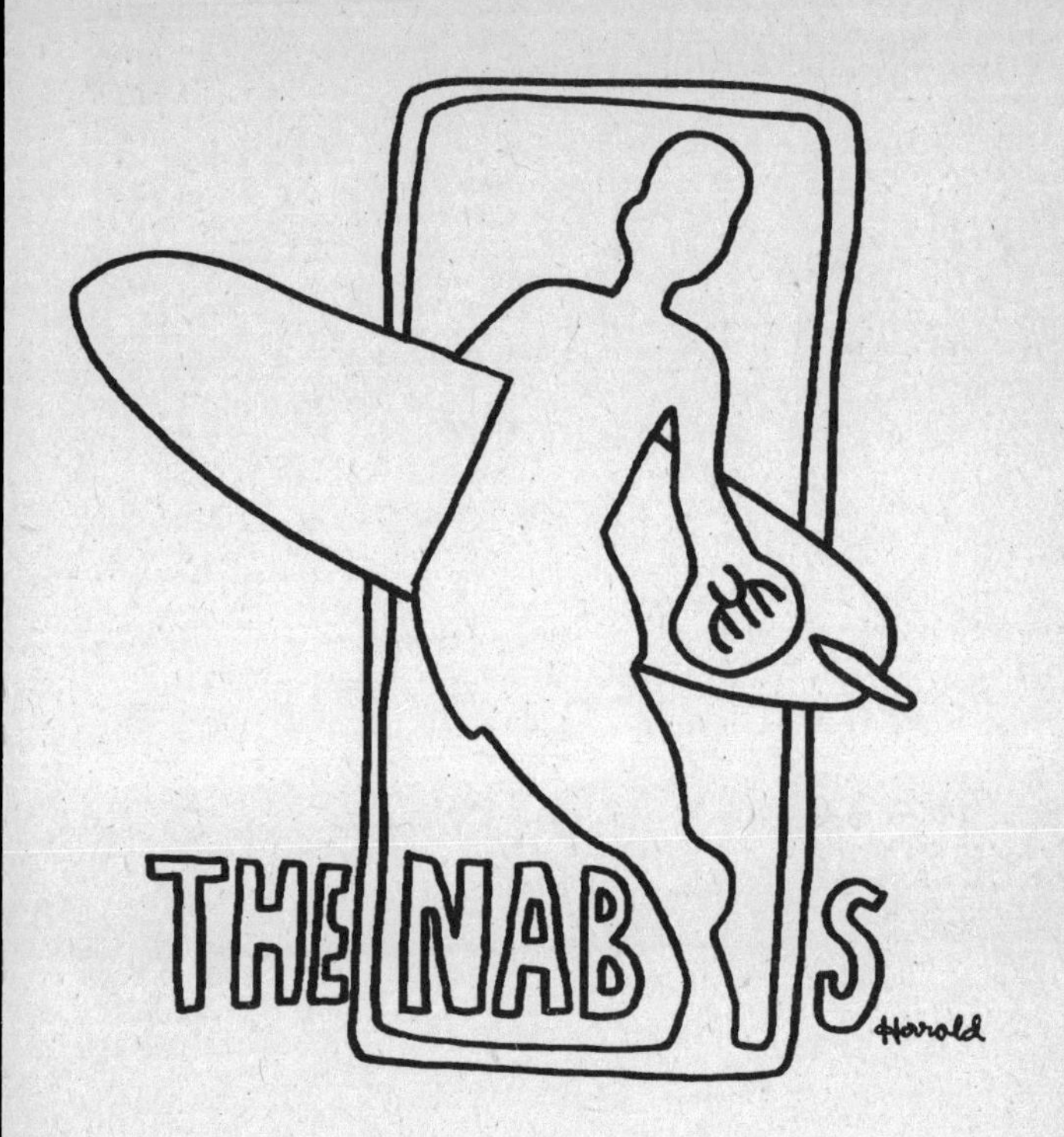

湘南純情！/夏恋／The NaB's

Bonus Track

The NaB'sのGSコスプレの時代考証

この人達をはじめてTVで観た時の印象が残っている。

ちょっとだけ変だったからである。というのも、彼等のいでたちがレベルの高いGSのコスプレだったからで、しかし決定的に違うことがひとつあった。ヴォーカルの人もギターを握っていた。昔のGSにそんな絵ヅラはほとんどなかった筈である。

多分The NaB'sのカギはそこにある。いや何のカギなのかはこれから考えるのだが、TVで思ったもうひとつのことは、曲自体のレプリカ度というか、GSらしさのことだった。たしか曲なかでリードヴォーカルの人がポーズをきめる箇所があって、そういったアクションとの連携もスムースな気がした。

どうなのだろう、世にGSマニアと呼ばれる人達がいる。そういった界隈でThe NaB'sはどんな評価を受けるのか。

その時は画面をぼんやりながめながら、そんなことを考えていたと思う。

こうしてあらためて聴いたら、実はもうひとつTVで思ったことがあった。

それは〝若い女の子達はこれでキャーキャーさわいでくれるのか〟という素朴な疑問である。

とか何とかイントロの、アメリカンロックのような音圧に負けぬ旋律は、パロディとは一線を画す、つまりレトロではなく今の時代を感じさせてくれるもので、この〝空気は今だ〟ということと、ヴォーカルの人がギターを持つのは、同じ意味では。

The NaB'sは、そも出来方からしてバンド的ではない。バンド的というのは音楽ではとても重要な事柄で、GSは何よりバンド的な魅力に溢れていた。

この人達は実体的にはバンドよりはフォーリーブス、そのうんとけれん味の強いものと見るべきで、GS姿も今回限りの衣装というか役というか、そういう可能性だってない訳ではないのである。

それはそうと、コレ作ってる人、GSとどんな距離なのか。イントロにしても、先に述べたように確信犯的な意志が感じられ、実際よく聴くと、サウンドの時代考証が知ってか知らずか甘い。GS以前のテケテケサーフィンが、ここではあたかもGS時代のならわしのような自然な扱いを受けているし、音はむしろ和製ポップスに近い華やかさを持っているし、しかしこの雑食な感じがあるから、今の時代に耐えられるのだろう。昔のGSでは名曲とはいえ華奢なのだ。

プロデュースが芳野藤丸ということでトータルなブラッシュアップについては質感的に合点もゆくが、詞、曲のお二人はどのように、こう理論的にこのフェイクを作り上げたのか。メンバーの人じゃないですよね?

とにかく、いわゆる〝パクリ〟をやっていない。それでちゃんとあの味を出している。すんごい情熱がなきゃ、ここまでキチンと、

ＧＳで今の時代の空気を感じるヤツを作ろうなんて、まず思わないよ。詞も曲も細部まで手を抜いていいない。

でもね、やっぱり最初にＴＶを観た時の感想を思い出しちゃう。ＧＳって、ちょっと（味付けとして）オシャレじゃない気がするんだよなア、今のタイミング。

Bonus Track

BonusTrack13

湘南純情！／夏恋
The NaB's（ユニバーサル ミュージック）

作詞／山崎光　作曲／M Rie　編曲／芳野藤丸
TX系「カヴァーしようよ」、「ミミヨリーナ」エンディングテーマ。編曲の芳野はドラマ『探偵物語』のテーマソングを演奏していたSHŌGUNのメンバー。

愛の唄／Psycho le Cému

Bonus Track

化粧の必然性がないヴィジュアル系の意味合い

ヴィジュアル系って、もうブームは去ったのか、それとも私なんかの窺い知らぬところでいまだ熱く支持されているのか。このPsycho le Cému の人達のジャケ写を見ると、コスチュームといいメークといいすごい気合の入れようで、それより何より、まなざしというか、決意の表情に何の迷いもない。少なくとも彼等の内部においては、ヴィジュアル系は栄えているとみて間違いなさそうである。

しかし、私が知りたいのは純粋に手間のことなのだ。一体Psycho le Cému の人達ぐらいのレベルだと、一回のステージにどれほどの仕度が必要なのだろう。

それに、私にはもう何がカッコよくて何がカッコ悪いのか、判らなくなってきた。ヴィジュアル系といっても、限界というものがあるのではないか。私には劇団の人が遊園地のアトラクションでやるアニメ大会のコスチュームにしか見えないのだ、相当に世のなか難しいところに来ていると思った。

話を戻す。このカッコウでFMのステーションを回ったりするのだって、食事ひとつ考えてもマネージャーはアタマいたいだろう。どうして、そこまで大変な思いをして、そのカッコウとあんまり関係のない音楽をやるのか。

ひょっとして、笑いを取る為なの？　音と絵では何とも判断がつけづらい。これがセックスマシンガンズなんかだと、絵と音に共通する意志が見えるのだけれど、この人達はそこいら辺がぼうようとしているのだ。

ただ、この曲、妙にひかれる。どこか変。その原因の一番は勿論ルックスとの落差だが、逆にとらえれば、この絵ヅラの通りの音だから変なのかも、とも思う。

何にせよ、毒っ気は全くない。本当に日曜の遊園地が一番似合う。ヴォーカルの人の声が嬉しくなるほど健全というのと、曲もかげりがなくて、その明るさみたいなものが、多分、バンドの人柄なのだろう。鳴っていて気分に悪影響をおよぼさない、といって退屈でもない。変にすこやかなのがリスナー的には残るということでしょうか。

悪くいえば子供っぽいのかも知れないが、そうだとしても、この曲が聴いている人にプラスの作用をすることに変わりはない。

サウンドがいいというのはある。よくドライヴのかかったギターと歌とのコンビネーションを中心に、実に有機的でモダンなのだ。

だから気持いい。だけどそれでいいのか、とまた自問してしまう、毒っ気がない。このカッコウで音に全く毒っ気がないとしたら、完全にこのコスチュームは、したい恰好をしているだけ、ということにならないか。一度でいいから、すっぴんで聴いてみたい。その時、この曲がどのように聴こえてくるかが知りたいのだ。判んねェよこのまんまじゃあ。てエぐらいに、コスチュームっていうかヴィジュアル的に効果があった。

この人達が化粧をやめても、音楽そのものへの評価は変わらないと思う。あとやることは、クオリティのキープだけである。

おそらく……

今年一番いいか悪いか判んなかった曲。

Bonus Track

BonusTrack14

愛の唄
Psycho le Cému（日本クラウン）

作詞・作曲／Lida　編曲／Psycho le Cému
「サイコ・ル・シェイム」と読む。レコード会社によれば、「名前の意味は特にない」。衣装代は総額800万円とか。

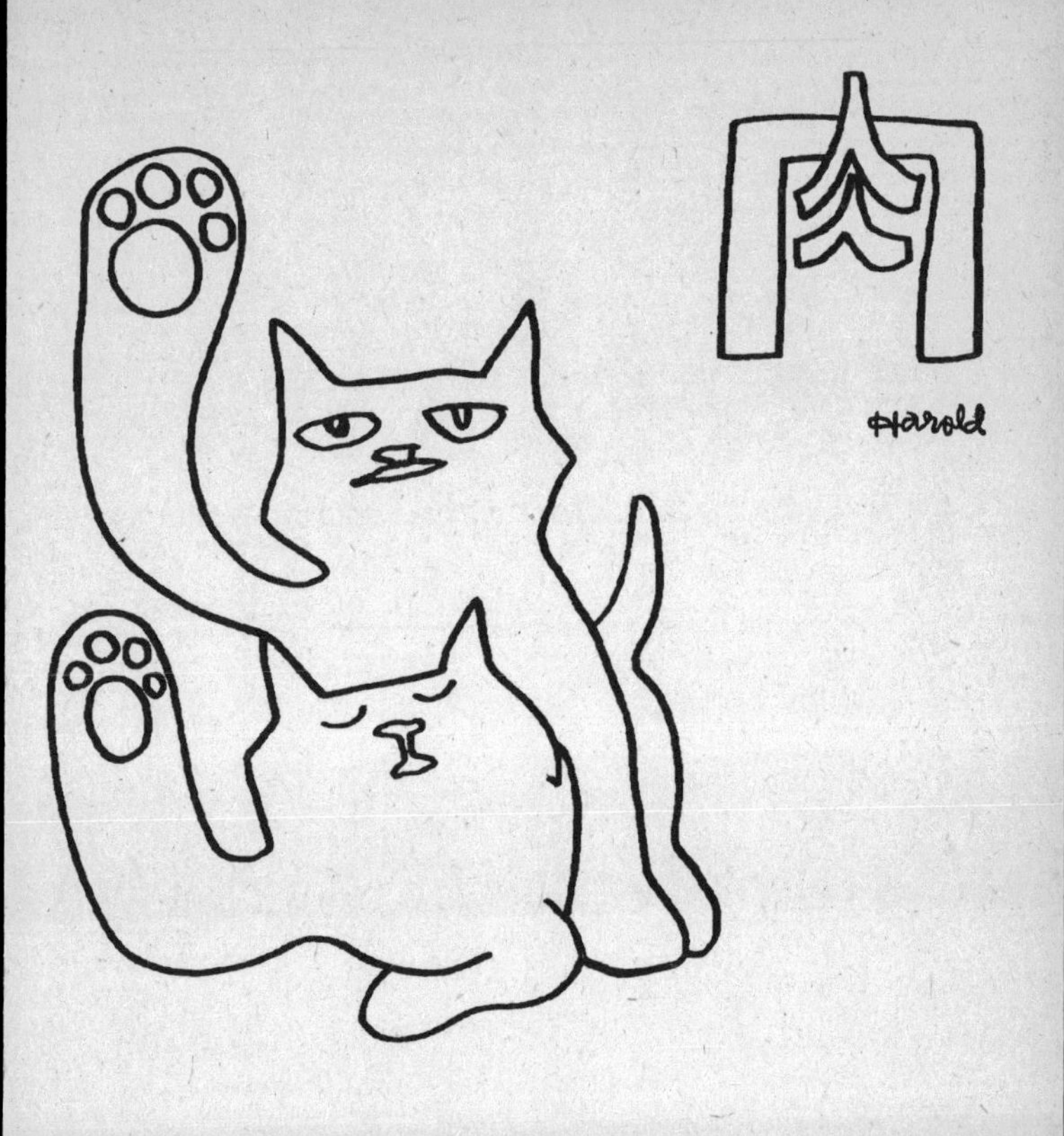

肉体関係 part2 逆featuring クレイジーケンバンド／Rhymester

Bonus Track

私がこの一年で思った、CKB（クレイジーケンバンド）の意味

クレイジーケンバンドについてはひとことぐらい偉そうなことをいってもいいだろう。

2002年がどんな年だったか。色々あったけど、クレイジーケンバンドにとっては、まァ良い一年だったんじゃないかと、ふり返ってそう思う。

何といっても聴く人のケタが変わった。この意味は大きい。音楽は活字で知っているだけのうちは、実はまだ音楽ではない。

聴かなければ音楽は始まらない。

一体全体、いくら情報をふんだんに持とうが、音楽は聴くまで想像がつかないものなのだ。

それで、色々な人が体験談を発表して興奮を語った。そのいくつかを雑誌や新聞で見ることがあって、共通していたのは「見て良かった」という喜びが文章から伝わってくることだった。事前の情報とのずれのようなものが、それぞれの評のカラーとなっていた。

どれも充実した文章だったと思ったが、ライヴということでどうしても視覚的な観点にならざるを得ない。

そこで、私がこの一年で思った、それと別の彼等の意味を書いてみようかと思う。

これは単純なパラダイムシフトである。

クレイジーケンのルックスが全く別の人だったら？　例えば高木ブーでも誰でもいい。そう

したら、ライヴ評はまた別の方向性を持つことになるのではないか。

　クレイジーケンバンドが面白いのは、そんなことより、ひとつ基本的な理由がある。彼等は音楽がとてつもなく秀れているのだ。

　ステージのふるまいは、時としてそのカモフラージュであったりする。

　いい換えれば、私の読んだ限りでは、まず〝エンターテイナー〟というとらえ方が、どの文の根底にもあった。

　たしかに横山剣のステージマナーは、間違いなく粋なものだし、ハッキリいって金の取れる芸だ。バンドの魅力といったら、恐らく、ヘタをすれば世界一という気さえする。

　だから初めて観ると、まずそこでやられてしまう。

　これはジェームズ・ブラウンを見る世間の目と一緒で、記号としてあの人は〝ゲロッパ〟で、ということは何の仲間かというと、ボブ・サップや、ザ・デストロイヤー、あっと驚く為五郎と一緒。クレイジーケンはたまたまそれが、色気のある、みたいな記号がついたに過ぎない。

　ＪＢはパフォーマンスが目立つけれど、それ以前に、あの例えば〝セックスマシーン〟のような、モダンで今だ古びない楽曲を信じられないほどの量、作曲し、アレンジしてきた。それ等の曲はどれもロジカルな新しさを持っていた。

　本質的にＣＫＢは、レコーディングアーティストの側面を強く持っている、パフォーマンスと同じく作品の構造性にも細心の注意を払うグループなのである。

そういえば、昔横山剣はＪＢのコピーをレパートリーにしていた。

Bonus Track

ＣＫＢはホットだが理性的なバンドである。

それがこのコラボレーションで一層くっきりとなったように思う。

BonusTrack15

肉体関係 part2 逆 featuring クレイジーケンバンド
Rhymester（キューンレコード）

作詞／S.Sasaki D.Sakama J.Yamamoto Ken Yokoyama 作曲／Ken Yokoyama 編曲／Ken Yokoyama Rhymester
有線チャート７位を記録。2002年は大瀧詠一トリビュート、野宮真貴ソロプロジェクト、Yuming 30th anniversary albumの参加など大忙しの１年だった。

Magic/World／日之内絵美

Bonus Track

日之内絵美の曲に感じる☆タカハシの女性の扱い

この曲が流れてきた時、さわやかだけど強いものがあって、そこにモダンな意志のあることを感じた。

今、新しさは大前提に強さを必要とする。そうした理念のようなものが音楽から感じられたのである。

具体的には、まずコードの感覚と、リズムのミニマル的センス、このふたつの織りなすもの。基本的な部分の骨格に無駄のない美しさを持っている。こういう作りの価値は大音響になると判る。

音楽で強いという時、大音響でもバランスがしっかりとしている、という意味がある、と少なくとも私は思っていて、この曲を聴くと、小さくても大きい音にした時のイメージが広がってくる。なかなか心地の良い世界が待っていてくれそうだ。

そして、それに呼応するように、一種砂糖菓子のような甘ささえ持つ、歌のラインが、またそれはそれで別の価値の美しさを持っている。

前者、トラックがセクシーなら、肉声はエロティックということか。それとも違うんだけど。

大体、良いものは二律背反していたり、無理が同居していたり、それは『美味しんぼ』のマンガを読めば判ることだが……。この日之内絵美にはなにか複合的な味わいがある。音と声のその混ざり具合というミックスのことだけではない。曲全体の表情がキラキラ輝いていて、それがまた有機的に変化してゆくような、そんな感じで、この質感が☆タカハシタクの売りである。

ｍ－ｆｌｏだけをやっていた頃から、どんどんトラック作りが上手くなって、何に一番驚嘆するといって、もう、どんな仕事でも、この最高のブラッシュアップでクライアントに製品を渡すことが出来る、そこまで来てしまったことだ。ブランドに保証がついたのである。

☆タカハシタクのプロデュース作品を聴いていて、これはそう感じる人も多いのじゃないかと思うのだが、何か女性の扱いのスマートな人という気がしてしかたがない。

有名カメラマンの前だと女の人はキレイになるってのと同じことが音楽にもあてはまる。ＴＫもつんくもそれぞれにそういう天性の才があったとして、☆タカハシタクも間違いなく、そのまた別のひとりなのだと私は思っている。

ただ、三者とも女の子のタイプは違って、☆タカハシタクのところのは、ヤンキー度が低い。といってそれほど文化系でもない。この☆タカハシタク枠ってのが、この曲でひとつ出来上がったって感じでしょうか。

彼の仕事のいいところは、たったひとこと、大人にも聴ける。この人は、いつも下を向かずに上を見て曲を作ってる。その上で子供にも判るように作ってるのである。そこが、ＴＫ、つんくとのもうひとつの違いかも。

最後に、この曲はルーツ的に何に行きつくのか、と考えたら、まず、平松愛理、あのシチュー、でしたっけ、ウェディングベル、とかいう曲。多分、そういう流れってあるんじゃないか。シュガーに毒を入れるとかいう歌、そこから、ジャケットがまた戦略的でユーモアを感じた。

Bonus Track

BonusTrack16

Magic/World
日之内絵美（カッティング・エッジ）

作詞／H.U.B.　☆タカハシタク　作曲／日之内絵美　☆タカハシタク
m-floの☆タカハシタクが立ち上げた新レーベルの第１弾リリース。地元大阪でアマチュアバンドのヴォーカリストとして活動していた実力派。

HERO／Mr.Children

Bonus Track

ミスチルを歌いたくなる「発音する快感の仕掛け」

ミスチルを好きな男性は多い。カラオケのレパートリーにしている人間を何人も知っている。私はたまたまカラオケを全然やらないのだが、多分、歌っていないので、実際のところは判らないのだが、多分、歌っていて気持が良いのだと思う。

その気持良さに関して、この『HERO』を聴いていると気付くことがある。

歌の内容ではなく、発音すること自体に快感がある。そういった感じのする部分がとても多いのだ。例えば〽愛すべきたくさんの人たちがなどがそれで、濁音にあたるところに丁度、リズム的にも音程的にも強い音を持って来ていて、あるいは音節的にも考慮がなされていて、歌うと、口がフィジカルに喜びを覚える。英語で歌をうたう時のように、意味は判る判らないとは別に何だか盛り上がった気になれるのである。

つまり、器楽的な楽しみを、ミスチルの歌は与えてくれるということだが、そういう曲ならば彼等以外のものにも沢山ある。ただ、そうしたものの場合、響きに重きを置くあまり、それこそ意味の判らなくなってしまったケースも多く見受けられる。

ミスチルの歌詞は、その点、ちゃんと文章になっている。この違いは大きい。

というより、本当に最近の歌詞は、文章として成立していないものが多過ぎる。話がそれはじめたが、これは由々しき問題じゃないかと私は思っているのである。

日本語として体をなさない歌詞に関して、関係者はどう思っているのか。それが最初から意図的にある効果をねらっているのなら納得も出来るのだが、大半は、字数を合わせるため、とか、要するに技術のおぼつかないのが原因である。それは歌詞カードを見れば一目瞭然で、昔ならばディレクターとかが「君、ここんとこの歌詞何のことといってるのか判らないよ」と注意ぐらいしただろうに、一体そこいら辺、どうなっておるのか。

話を戻す。

ミスチルの歌詞は――少なくともこの『HERO』は――ちゃんと文章を流れで読むことが出来る。何のことを歌っているのかがハッキリ判る、ということだ。ミスチルをカラオケで歌う男性達には、それもポイント高いのだと思う。

このCDを聴いて、思ったもうひとつは、その歌のなかみ、というか主人公像のことである。いつも色々シチュエーションやら何やらは違うにしても、主人公は一緒なのではないか。そのキャラクターが、男性達には好ましく写るのではないか。

『HERO』では主人公は、一人の命と引き換えに世界を救えるとして〜僕は誰かが名乗り出るのを待っているだけの男だ　という。そういう弱い人間だけど、君がつまずいたりした時はきっと手を差しのべますよ、と。

つまり、いくじなしだけどいざとなったら頑張る、みたいなことである。きっと男性一般、そうした自己完結的な、都合の良い正義感を持っていると思う。そこのところでミスチルの歌は心の琴線に触れるのではないか。C/Wの曲にもこんなくだりがある。〈昨夜見たテレビの中／病の子供が泣いていた／だからじゃないがこうしていられること／感謝をしなくちゃな

この感じ、私も判りますもん。

Bonus Track

BonusTrack17

HERO
Mr.Children（トイズファクトリー）

作詞・作曲／桜井和寿　編曲／小林武史 Mr.Children
NTT DoCoMo group「10th ANNIVERSARY」CMソング。ヴォーカル桜井の病気で2002年７月から12月までのコンサートツアーがすべて中止になったミスチルの復活シングル。

I Got You／仁絵

Bonus Track

HITOEのソロデビューが最も遅かったのは

彼女がSPEEDで踊っているのをナマで観たことがあって、ひとりだけダンスの能力が際立って高かったのを思い出す。

SPEEDは少女達の無我夢中が国民的イベントだったが、終ってみると、四人見ているものが相当バラバラだったのが判り、それぞれ別の道を歩み始めた。

あの時点でHITOEは腹のすわった感じがした。ナマで観た踊りのことも影響しているかも知れないが、そして歳が少し上なこともあるだろう。それにしても、一人だけふっ切れていたのは確かである。

そして実際、マイペースでニューヨーク生活を二年もした。それまでアイドルだった少女に普通そんなことが出来るだろうか。

という訳で、彼女がどんな成長をしてゆくのか、気にかかってはいたが、ソロをやっと出した。四人のなかでは一番遅い。

曲は、クオリティ的にはなかなかのものである。イントロのゴージャスなストリングスの音から、重いビートへとつながる曲の流れもよく、本人の声のスモーキー具合と曲のトーンもバランスが取れていて、大人っぽいというか、アイドル時代とは目差すものの違うのが判る。

声の処理等、随所に、2002年のしるしのようなものがアレンジに、品の良いサジ加減で取り込まれていて、すなおに都会的な仕上がりになっていると思う。

歌自体も、変なクセのないのがなによりで、それで曲のスリムさが保たれているのだが、この手のR&Bもので、日本語が耳心地良いのは、本当に久々だ。

ひとつには、歌の意味を、それほど深く解釈しない、ということ。ほっといてくれるのだ。このHITOEの歌へのスタンスは、もしかしてニューヨーク生活の成果なのかも。

それほどハデな曲ではないが、この作品で、HITOEの現在の姿が見えた。

それだから思うこともある。述べたようにこのデビューシングルは本人にとって大変良い形になったと思う。

だが、このR&Bというかヒップホップの感触、それがどこかフレッシュに感じられない、ということはないだろうか。

ヒップホップ/R&Bが、ここからどこに向かおうとしているのか。クオリティの高さは認めるが、このもうひとつ大切な間に、あと少しハッキリした考えを示してほしかった。

ちょっとだけ古い最新型の音ってのは、ネエ……。

もしかして、質より、そのオリジナリティの発揮の方が、今のHITOEにはあっていると いう気が、この自然な歌いっぷりからはするんだが。

このビート、このサウンドで思いっきり歌謡曲な、そうだねェ『新宿育ち』みたいなヤツを、ラッパーと組んで、出せばいい。
そうだ。このスタンスでムード歌謡もいい。
いや、R&Bにこだわるのもいいけど、もっと独特なショウが作れるんじゃないかなァ。

とにかく声が大人だから、セクシーな舞台になると思う。やったら観に行ってみたい。

Bonus Track

BonusTrack18

I Got You
仁絵（エイベックス・トラックス）

作詞・作曲／SHERREE FORD WIRLIE MORRIS MARLON McCLAIN 編曲／WIRLIE MORRIS MARLON McCLAIN
2003年3月には初のイラスト＆エッセイ集『VIBE ART』も発売され、オビには彼女が憧れているという山田詠美氏からの推薦文が。秋にはチャリティーライブでSPEEDが期間限定で復活する。

October November December

10 11 12

i love you／TAKUYA

Wishing On The Same Star／安室奈美恵

36

“悪くはないんだけど……”バンド解散後のTAKUYA

少し前に大活躍していたバンドが次々と解散して、時代の移り変わりを痛感する今日この頃だが、それぞれがソロ活動に入り、バンド時代とはまた違った顔を見せてくれている。

JUDY AND MARYのギタリストだったTAKUYAが一人でシングルを発表した。バンドの終ったのが2001年3月だから、一年半の充電ということになる。果してどんな道を歩みはじめたのか。早速CDを聴いてみることにした。

曲はサンプリングらしきモコモコした音色のパーカッションとアコースティックギターの、落ち着いたリズムで幕を開ける。このイントロに乗って自然に歌が聴こえてくる。じみだが、なかなか気持ちのよいはじまり方である。声がサウンドと合っているからだろうか。どこかしろうとっぽい、初々しさがあるのだ。

そのまんま淡々と行くのかと思っていると、途中から、ビートが補強され、曲の温度が少し上がって、サビあたりまでの間に、全体のビルドアップが完成する。コード進行など、イントロの印象よりポップス的な華やかな展開で、そこいら辺に、うっすらとジュディマリ時代の匂いを感じ取ることも出来る。

という訳で、大体どんな感じの曲か、お判りいただけたと思うが、TAKUYAのソロ第一弾は、けれん味のないナチュラルなものであった。

その質感は、さすが経験豊かなだけあって、リスナーを安心させるのだが、ひとつカラーということになると、強い押し出しに欠けるきらいがある。ちょっと枯れちゃったのか、ゆとりなのか、そこいらへん、ビミョーなのだ。

例えばYUKIの場合だったら、ソロになって確実にジュディマリ時代と別の魅力を一発目から積極的にアピールしていた。その点で、どこかこの『i love you』はもどかしいのである。もう何作品か作ってゆくうちに何か新しく始めたことの意味が見えてくるかも知れないが、ここでは可とも不可ともいいがたい。まさに〝悪くはないんだけど……〟評論家が75点とかつけそうな作品であった。


安室奈美恵のシングルが出た。ダイアン・ウォーレン(エアロスミスやセリーヌ・ディオンに曲を提供する大ヒットメーカー)のメロディによる、スケールの大きいという表現の為にあるような、しっとりバラードである。それこそセリーヌ・ディオンがサントラで吹き込みそうな。実際、『命』という映画の主題歌である。

こちらも、悪くないの極致である。なにせ、楽曲は豪華、歌いっぷりは非の打ちどころがない。歌詞も——別に私生活の何かを思い起こさせる訳ではないが——キャラクターとぴったりシンクロしていて、とにかく今、この人の存在とこれほど見合ったシングルは他には考えられない。

だけど、その、らしさが、ちょっぴり重っくるしい。この若さですでに大御所感が、イントロからして立ち昇ってくるってのは、実はけっこうヤバいことなんじゃないのか。

多分、歌い方がシステム化しちゃってるってのが原因かも。ポップスはうまさよりフレッシュさが勝ってないとダメよ。

2002/10/3

71

i love you
TAKUYA（ユニバーサルＪ）

作詞・作曲／TAKUYA
ソロ始動とはいえ、ジュディマリと並行活動でROBOTSなるバンドで実はヴォーカル的にはデビュー済みである。

72

Wishing On The Same Star
安室奈美恵（エイベックス・トラックス）

作詞・作曲／DIANE WARREN　編曲／家原正樹
前作から半年ぶりの21枚目。過去にもバラード曲を同じく海外のＤ・オースティンに依頼。

come baby／岡村靖幸と石野卓球

The 美学／松浦亜弥

37

岡村と卓球のコラボは一緒に一冊エロ本作った感じ

岡村靖幸と石野卓球という組み合わせはちょっと聴いてみたくなる。この二人には何か共通するものがあるし、またとてつもなく異質な部分も感じる。そのバランスに、不穏な気配をおぼえるのである。

それをイメージ的にいうと、小学生ですごくエロ本の好きなヤツが二人いる。だけど興奮の対象は全く違う。で、二人で一緒に一冊エロ本を作っちゃった。一体それはどんなエロ本なのか。

二人に思うのはディープさと幼稚の同居であり、下半身が上半身にわるだくみをけしかけるの図である。うまくいけばイヤらしくてカッコいい音が出来るだろう。あるいは二人にしか楽しめぬ特殊なオモチャで終るか。どちらにせよ食指を動かされることだけは確かである。

という訳でCDをプレイモードにすると、まず耳に飛び込んできたのが、キラキラとゴージャスなシークエンスをバックにエコーのたっぷりかかった岡村靖幸の、あのおなじみの声である。

なのだけど、そのおなじみの声が作り出す雰囲気が、いつものそれではない。おそらく石野卓球寄りで作られたトラックのなかで聴く岡村靖幸の声は、ひとつアクが抜けたというか、エグみはそのままに、きつい匂いだけが具合よく消えているのだ。

逆に卓球の側から音を眺めた印象をいうと、岡村の声のおかげで、サウンドに有毒な輝きが戻った。最近の卓球は妙に淡白な音を作っている気がしてならなかったのである。

この『come baby』を聴いていると、二人がとてものびのびと、好きなことをやっているのが伝わってくる。きっと、互いに自信を確認し合える関係になっているのだと思う。何にせよ、二人とも、もういい大人である。それがこんなに魂を解放して音を作っている。このコラボレーションには、ホントにうすよごれたところがない。やっぱ、音楽にはやっている人の内面が出ちゃうものなんだなと(勿論いい意味で)、そんなことを思わせてくれる一枚でありました。

うまく書けないいんだけど、これ、不思議な魅力のあるCDだった。

不思議といえば松浦亜弥というヒトも、ナゾのヒトである。どこかこのヒトは他のアイドルと違う。だけどどこが違うのかがいえない。

考えたんだけど、彼女は、アイドルなのにあこがれの対象になりにくいってのがあるんじゃないか。普通、ファンの人達はアイドルとの一体化みたいなスタンスで事にのぞむ訳であるが、そうした感情移入の入り口が、松浦亜弥にはないのである。なかみが一体どうなっているのか、という興味を、人に起こさせないような特殊なコーティングがなされている感じがするのである。この質感が、アイドル中にあって彼女だけを独特に際立たせているのかも知れない……とかアレコレ『The 美学』を聴きながら思い

をめぐらしている訳ですが、やっぱ、動きだね、
この人の場合。
きっと体内に流れている時間や速度が我々一般よりはるかに速いのではないか。それでこの人はいつも異常に落ち着いてるんじゃないかしらん、まわりが全部すごくゆっくり見えて。

2002/10/10

73

come baby
岡村靖幸と石野卓球（キューンレコード）

作詞・作曲／岡村靖幸　石野卓球
音楽シーンの異端児２人が組んだ、80年代風味テクノに官能的なVoが絡む異色作。制作中との噂のアルバムは頓挫？！

74

The 美学
松浦亜弥（ZETIMA）

作詞・作曲／つんく　編曲／鈴木“Dai-chi”秀行
『Yeah！めっちゃホリディ』に次ぐ７枚目シングル。“アイス１度に３本食い”があややの美学なんだそうデス。

証／ZONE

自転車泥棒／Whiteberry

38

GSにあってJポップにない〝叫び〟のカタルシス

ZONEの新曲を聴いていたら、GSのことを思い出した。こんな調子の曲が、あの頃のB級GSには沢山あったような気がする。例えばブルー・インパルスとか、4 9 1(フォーナインエース)とか、リンド&リンダースとか……。

暗い感じのアップテンポの曲である。その暗さとテンポ感があの時代を想い起こさせるのだ。

まずはイントロのエレキギターのひずんだというよりさびたような響き具合が郷愁を誘う。

このイントロから歌に入ったあたりが一番GSっぽい。

〽なぜ僕は　ここにいるのか?　どしゃぶりの雨の中で

この曲は歌詞がよく耳に入ってくる。聴き取り易い歌唱ということもあるが、コトバのつながりに無理がなく「コレって何のことを歌ってるの?」という気分にさせられることがないからである。

歌詞を追ってゆくと「叫ぶ」とか「叫び疲れても」とか、そんなコトバが何回も出てくる。昔のGSもよく歌詞のなかで叫んでいた。

ひょっとしてGSにあってJポップに欠けているものは、この叫びの気分なのかも知れない。『証』には忘れられた叫びのカタルシスがあるのだ。

ということなのかどうか、とにかくこの曲は、聴いていると無意味にやるせなくなってきて、なかなか私は気に入ってしまった。ＺＯＮＥというとティーンエイジャー向けのイメージがあるが、案外中年のカラオケレパートリーとして『証』は珍重される楽曲になる可能性があるんじゃないか。一度試聴することをおすすめする。

今回のもう一枚は、Ｗｈｉｔｅｂｅｒｒｙである。ＺＯＮＥと同じく女の子グループだが、趣はちと違う。むこうがショウビズの匂いのするバンドならこちらはライヴハウスの匂いのするバンドである。

彼女達の新曲はユニコーンのカヴァーである。ちなみに最初のヒット曲もジッタリン・ジンのカヴァーであった。

でこの『自転車泥棒』だが、前半がレゲエ調になっていたりと、オリジナルとは別モノの雰囲気である。

全体的に、彼女達の声の魅力がうまく引き出せていて、そしてアレンジも、ストリングスのからみ方とか、くぐもったような音質とか、唐突な終り方とか、不思議な印象を残すことに成功していて、なかなか面白い仕上がりだと思う。

ただ、この不思議な感触が、Ｗｈｉｔｅｂｅｒｒｙ本体からかもし出されたものなのか、ということが気になる。クレジットを見ると、ちゃんとアレンジャーに人を立てている。彼女達は先に述べたようにＺＯＮＥとは違い、手作りなパブリックイメージがある。時間や手間がかかっても、そろそろサウンドプロダクションはバンドが担う時期に来ているのではないか。

まっ、この話は本当をいうとＷｈｉｔｅｂｅｒｒｙひとりに向けられたものではなく、日本のアーティスト全般について思うところではあるのだが。

かつて、あれだけ隆盛をきわめたGSが消滅してしまったのは、要するにレコード会社が売り急ぐあまり、その主体を彼等から奪ってしまったせいである。その歴史は若い人も知っていた方がいい……と私は思うのだ。

2002/10/17

75

証
ZONE（ソニーレコード）

作詞・作曲／町田紀彦　編曲／高橋katsu
作詞・曲はブレイク曲『secret bace～』と同じ。実は全員楽器無しで器用にダンスを披露した曲過去にもアリ。

76

自転車泥棒
Whiteberry（ソニーレコード）

作詞・作曲／手島いさむ　編曲／馬場一嘉
ユニコーンのアルバム曲。一昨年は件のカヴァー『夏祭り』で紅白出場。北海道在住の女子高生５人組。

シルベット／JUDE
０３/応答セヨ／０３

39

浅井健一の歌詞はビンボー臭く聴こえない

今週はバンド物をふたつ。

まずは元BLANKEY JET CITYの浅井健一が、元HEATWAVEの渡辺圭一（ベース）、元THE ROOSTERS池畑潤二（ドラム）と組んだJUDE（ユダと読む）である。面子を見ただけで、すごそうだ。大人のバンドという感じがする。

浅井健一は、UAとやっていたAJICOが面白かったが、その後どうなったのか。もう終ってしまったのだろうか。バンドは長続きさせるのが本当に大変である。殊に、それぞれキャリアを持っている人達の集まりは、ちょっとしたことで頓挫してしまうケースが多い。

ということで、この三人バンドも先のことは判らない。あくまでこれ一枚のこととして聴く方が気が楽である。

『シルベット』は浅井健一が曲を作り詞を書き、歌も彼ひとりである。バンドとはいえ比重的には一極集中のおもむきである。AJICOが面白かったのはそうではなかったからだ。メンバーの役割や関係がひとながめでは読みにくく、また実際音にそれが出ていたように思う。

うがった見方をすれば、浅井健一のほぼソロみたいな『シルベット』であるが、音を聴いていると、歌と伴奏といった主従の作りではない。ちゃんと三人のからみ合いの感じられるサウンドになっている。別に凝ったアレンジでもないのだが、リハーサルをしているうちに、自然に形になっていったような、ライヴな音を、誰よりも本人達が楽しんでいるのがCDからも伝わってくる。

曲調は、フォークロックで、どことなくロードムービーの挿入歌っぽい。まァ歌詞がそういうクルマの旅の話なので、そう思ってしまうのかも知れないが。で、歌詞といえば歌い出し。

〽旅したい　あてもなく　道端のモーテルに泊まって／朝までやりまくる

この「やりまくる」が、ビンボー臭く聴こえないところが、この曲の最大の売りだと私は思いました。

03と書いてゼロサン。こちらはそうる透を中心とする男女二名ずつのバンドである。

サウンドはデジタルロックをうんとハードロック寄りにしたような刺激的なもので、体力とテクニックをとことん実感させてくれる。とにかく切れの良い演奏で、スピードがあって重くて、昔風にいえば「とても日本のバンドとは思えない」音である。

よく判んないけど、歌詞カードに写っているメンバー写真もソラリゼーションぽい処理で、うしろにマーシャルのアンプがずらりとならべてあったり、かなり70年代を意識している感じがする。特にヴォーカルの古市絢子など「とても今の人とは思えない」ヘアスタイル、ファッション、雰囲気である。

私は思わず、ブラインド・バード、ファーラウト、といった昔の日比谷野音で鳴らしたバンドのことを想い出してしまった。

2002/10/24

その古市さんの声がすごい。とても日本のバンドとは思えないどころか、まず聴いて女性と気付く人はいないだろう。このヒトは一体何者なのだ!? と思わせてくれるだけのインパクトが、彼女にはある。それだけでデビューとしては成功だろう。

ホームランか三振か？ どちらにせよそうる透もドえらいバンドを作ってしまったと思った。

77

シルベット
JUDE（ダイキ）

作詞・作曲／KENICHI ASAI
ブランキー、シャーベッツ、アジコ、ソロ活動を経て浅井が結成した新バンド。〝ユダ〟はアラビア語。

78

０３／応答セヨ
０３（エイベックス・トラックス）

作詞・作曲・編曲／０３
Vo古市は謎の新人。そうるは44歳ベテランドラマーで「LOVE LOVEオールスターズ」のメンバーだったりもした。

メルヘンダイバー／SOFT BALLET
浮舟／GO!GO!7188

40

再結成したSOFT BALLETは何とも中庸な音

SOFT BALLETが再結成された。

実は、私は昔の彼等の音楽をきちんと聴いたことがなくて、どんなサウンドだったか詳しくないのだが、ただ、音楽雑誌によくライヴの写真が載っていて、森岡賢のヌメヌメした絵ヅラには強烈な印象がある。たしか『よろしく哀愁』などのアレンジで知られる森岡賢一郎氏の御子息だとか誰かに知らされて、親子で随分体型が違うもんだなァと思ったのを覚えている。もっともこの情報はちゃんと確認が取れていないので間違っていたらゴメンなさい。

当時はデジタル楽器の急激な進歩のなかに音楽シーンがあり、そうした状況下でSOFT BALLETは、TMネットワーク等と共に、今日の打ち込みJポップの基礎を作ったといって間違いないだろう。

ウルトラヴォックスやゲイリー・ニューマンあたりの持つ、退廃的でメカっぽい雰囲気と、ディスコの黒服的な、お水の匂いの入り交じった、かつてのSOFT BALLETのヴィジュアルが、今回の再始動でどのような変化を遂げたのか、はたまた、あのまんまなのか、ジャケットには全裸の男が黒のハイヒールに網のストッキングといういでたちで化粧をしマスクで目元を覆い、倒錯的なポーズをとっている。ひょっとしてコレ森岡賢？ 何にせよ美学は健在のようだ。

で、音である。きっと相当とんがってるんだろうなァ、と思ってCDを聴き始めたら、何とも中庸な音なのでびっくりした。のっけにドラムのピックアップがあるのだが、まずこれが、もう刺激ゼロ。昔のシティポップのように無難なのだ。

今時は、少しでも打ち込みで音楽をやるのなら、ポイントはドラム類の出音にあると考えるのが一般である。新しさやカッコ良さが、ほとんどそこで決まってしまうからだ。皆、命をかけてヤバいドラムの音を作っているといっても過言ではない。

つまり、この『メルヘンダイバー』は、先端に対しSOFT BALLETのたたきつけた挑戦状では、決してなかった。とこの音を聴く限り、私はそう思ってしまう。

多分、そういうことはもうどうでもいい場所に、彼等は今いるのだろう。美学はともあれ、SOFT BALLETの音や時代にのぞむスタンスは、別のものになってしまったようである。曲そのものは、いかがわしくて、キャッチーで、ムード歌謡にも通ずる魅力がある。GO!GO!7188というバンドの『浮舟』は変な曲だ。何に近いかというと、椎名林檎と歌声が似ているし、昭和とか、くくろうとすれば記号はいくつかある。

だが、そう説明を続けていっても、最後にこぼれ落ちてしまう何かがあるのだ。手段のかなたに見える景色というか、色彩というか、そのすごみである。そして不思議なのは、そうしたドロドロとしたものが、内部でメチャクチャにならず、かといって整理もされず、音楽的に力関係を保っていることである。変ないい方だが、ちゃんと額縁に収まっている。

このままエネルギーが切れなければ、独特のポジションを獲得する気がする。商売的に。

2002/10/31

79
メルヘンダイバー
SOFT BALLET(イーストウエスト・ジャパン)

作詞・作曲・編曲／SOFT BALLET
80年代後半にトンガった音と容姿で活躍した男3人ユニット。踊るキーボード森岡のパフォーマンスは健在か？

80
浮舟
GO!GO!7188（東芝EMI）

作詞／浜田亜紀子　作曲／中島優美
編曲／GO!GO!7188
GSやパンクなど70's指向のVo＆Gユウ(22歳女子)作曲で雅な旋律に骨太なリズムが絡む和風ロックナンバー。

晩秋／ガガガＳＰ
PIKA☆NCHI／嵐

41

ガガガSPの『晩秋』はフォーク的諦観が今っぽい

ガガガSPというグループである。何かのCMで『世界は二人のために』をハイロウズ風のアレンジで歌っている、といえば心当りもあろうかと思われるが、実は相当に人気のある人達らしい。インディーズ時代のアルバムもかなりの売れゆきだったそうだ。

今回のシングルはメジャーデビュー二作目で、そのCMの曲も収められている。三曲入りである。

一曲目の『晩秋』から聴いてゆくと、コレもパンクなアレンジで、そういう出のバンドなのかと思っていたら、もともとは泉谷しげるとかが好きな人が中心で、フォーク畑出身とのこと。

たしかにそういわれると、歌詞の字あまり具合など、昔のフォークみたいである。

歌のなかみも実際「僕のアパート」なんていう表現があったり、フォークっぽい貧乏臭いものである。

そこいら辺、ねらいなのか、リアルな生活の反映なのか、判らないが、この歌詞がなかなかいい。何がいいかというと、そこはかとなくユーモアが漂っているのだ。それは多分、ものの感じ方、そして日本語というものの持つビミョーなニュアンスのとらえ方に起因しているのだろうが、〽人生とは多分そんなもんさ　と歌っているのに、この曲は不思議と訓話的に響いてこないのである。変な熱さがない、といったらいいかも知れない。

昔のフォークの諦観が、どこか勿体つけた感じのする諦観だったとすれば、ここにある諦観は、もっとこなれた諦観である。

つまり、ここにあるコトバは、この時代にふさわしい貧乏臭さをちゃんととらえている、と感じたのであるが、もうひとつ彼等の音で「今」を実感させてくれるのが、歌のタイム感である。字あまり風に歌いつつ、そこにハッキリとしたビートの自覚がある。しっかりとリズムに歌が結びつき音楽の構成要素の役割を果たしているのである。だから、デジタルな音楽ばかり聴いている人間でもすっきり聴ける。

フォークの人達のつまらない理由は、大体の場合「このヒトあんまりCDを買ってないいな」と判ってしまうことである。このガガガSPは、日常色んな音楽を買って聴いて楽しんでいる感じがする。私のリスナー的な観点では、アーティストを見定める時、その印象の度合で左右されるものは大きいのである。

アイドルの人達を聴く時はちょっとニュアンスが異なる。彼等の場合、果して音楽家と捉えてよいものか。そこが難しい。別に積極的に音楽と向き合っていない感じがしても減点する気にならないのである。いずれ音楽から遠のく人が多いしね。

とはいえ案外ヒップホップとかデジタルロックとか、家で聴いていそうな気がするのが、新曲における嵐である。あくまで気がする、ではあるが、この『PIKA☆NCHI』のいいところは、TVの空気ばっかりではない、歌い出しのあたりとか街の雰囲気をうすくだが持っている、そこである。単にラフに歌っているだけともいえるが、普通の若者がしてそうな悪さぐらい、アイドルだってしてますよ、というのが歌声のなかに、コトバにならぬメッセージとして読みとれる。それが私は気に入った。

2002/11/7

81

晩秋
ガガガＳＰ（ソニーレコード）

作詞・作曲／コザック前田　編曲／ガガガSP
〝パンク イズ フォーク〟主義の神戸出身の４人組。作詞はVoのコザック前田。３曲目はTOYOTAのＣＭ曲。

82

PIKA☆NCHI
嵐（ジェイ・ストーム）

作詞／相田毅　作曲／谷本新　編曲／CHOKKAKU
メンバー中、特にHIPHOP好きの現役慶応ボーイ桜井翔がラップを担当。嵐主演映画「ピカ☆ンチ」主題歌。

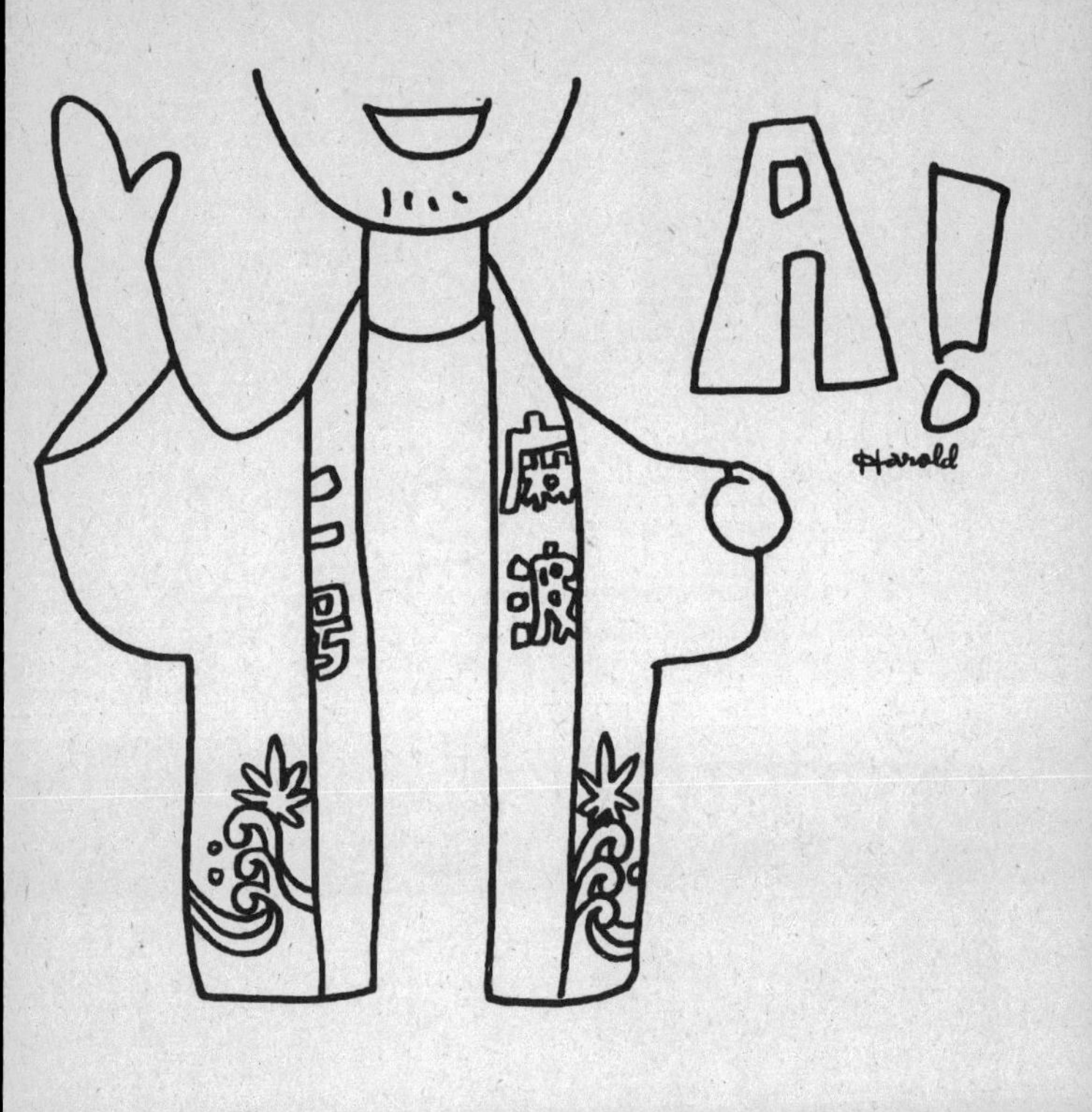

釈お酌／釈由美子

A HAPPY DAY／麻波25

42

釈由美子はアイドルとしての己を相対化して眺めている

何だか気になる人のひとりに釈由美子がいる。売りでは天然系グラビアアイドルとなっているが、どうもそういう体質ではなさそうに思えてしかたがないのだ。

天然系というのは要するにあんまりものを考えないタイプを指すのだろう。あるいは根拠なく楽天的でいられる人のことかも知れないが、どちらにせよ、釈由美子が本当にオメデタイのなら、それがもう少し声に反映されてもいい。

これは断言するが、声はその人そのものである。正確にいえば声の出し方であるが。下品な人は下品な、気取った人は気取った声の出し方をする。

釈由美子のしゃべっているのを聴いていると、ものすごく真っ当な感じがする。内側のバランスのちゃんと取れた人の声なのである。

で、この人のなかで、アイドルであることは、決して突出した出来事とはなっていないのではないか、と私は思った。

新曲のタイトルが『釈お酌』と聞き、ちょっと嬉しくなった。自分の芸名とお酌を掛けて、まァオモチャにされている。大体お酌といえば「おひとついかが?」な訳で、どこか媚を売った感じがある。いずれにせよ、彼女にアイドルとしての変なプライドがあったら、絶対にこのような二流の雰囲気のあるタイトルは了承するハズがない。

やっぱりこの人はアイドルとしての己を相対化して眺めているのだな、と思ったのであるが、クレジットを見て更にびっくりした。何と本人の作詞なのだ。更にびっくりしたのがその内容である。

女、男、オヤジの立場から世を憂うという構成からして、アイドルの手掛ける作詞としてはかなり異色なのだが、例えば、〽油のりきって特上よ／おやじギャグだって／うっかりでちゃう　とか〽新車なのに　おかまほられた／携帯トイレに水没サヨナラ　とか、表現がいちいち、あの肢体から発せられたとは思えぬ腹の決まったものなのだ。

一体どんな歌になっているのか、と聴いてみると、これがまた実にのびのびと楽しそうで、その上、これはシャレでも何でもないが、かすかにシャクリ上げる歌唱がいかにもアイドルらしい。たしかにこの歌いっぷりだけを取り上げると天然系といわれるのもうなずける。訳が判らなくなってしまった。

ただ惜しいのは、楽曲がそうした釈由美子の計り知れなさを受け止めていないことである。単なる企画物のワクを少しでも越えたつくりになっていたらば、見えてくるものも違っていたと思う。今更オールディーズ調のゴッタ煮は、作ってる方だってホントはつまんないと思ってるんじゃないですか？

麻波25の『A　HAPPY　DAY』をはじめて聴いた時、イントロの音の感じがいいなと思った。それからコトバに気負いがない。なかなかさわやかな曲である。そうなんだけど、悪くないんだけど、このスタイル、新鮮味のないのもたしかだと思う。

まったく違う角度でヒップホップをとらえる若者がそろそろ出てきてもいい時期かな、とそんなことを考えてしまいました。

2002/11/14

83

釈お酌
釈由美子（プライエイド）

作詞／釈由美子　作曲・編曲／タコースティック・チカ・バンド
おふざけ？　本気？　アイドル歌謡ともコミックソングともつかぬ怪作。お酌ロボット「釈お酌」イメージソング。

84

A HAPPY DAY
麻波25（ビクターエンタテインメント）

作詞／PASSER HUNTER　作曲／PASSER
昨夏某飲料水ＣＭ曲『SUNS OF THE SUN』のスマッシュヒットで注目されたちょいコワモテ系５人組の７作目。

いつの日にか…／島谷ひとみ
Stay With You／星村麻衣

43

ツルリとした演歌の声。島谷ひとみ『いつの日か…』

島谷ひとみの場合、本人の存在より『亜麻色の髪の乙女』の方が勝ってしまった感があって、考えてみると、これは近頃めずらしいケースかも知れない。

昨今は、楽曲よりアーティストのキャラクターやブランド力でCDの売れていることがほとんどだからである。

CMがらみとかカヴァーであるとか、条件もあったと思うが、一番の要因は、あのツルリとした声だと思う。ツルリと上手い。その耳心地の良さ故、一体どんな人が歌ってるんだろう、という思いに至る前に、リスナーの胸に歌がおさまってしまうのだ。

その点だけで見るなら、島谷ひとみは元ちとせと対極の声といえる。

何にせよ、島谷ひとみの声が『亜麻色の髪の乙女』を生き返らせたのはたしかであるが、こうした、本人の印象の薄いヒットのあとは色々と大変だ。

さて新曲であるが、基本的には路線を踏襲した感じで、安寧な世界である。ただ、前作を意識して妙に70年代風な作りになっていたりとか、そういうことはない。あくまで今のノリで出来ている。イージーにいえば、エイベックスの音である。つまり、ダンスのDNAが、奥の方にちゃんと入っている。テンポはゆったりとしてはいても、キックはしっかりと四ツ打ちなのである。

　キャッチーさではさすが『亜麻色…』にかなわないものの、なかなかに身の詰まった仕上がりで、着実に塁を進めて行こうとしているのが、盤から伝わってくる。『いつの日にか…』は、楽曲より歌声の方が心に残るのである。

　そこであらためて気付かされるのが彼女の出自で、なるほどこれは演歌の声である。艶というか照りというか、歌い出しのあたりのコブシなど、ポップスよりは石川さゆり等に近い。

　だからどうしたといわれると、単にそれだけの話なのだが、これから先、演歌的な発声とグルーヴの融合というのは、エイベックスなら面白い結果を出せるんじゃないか、とふと頭のなかにサウンドがよぎった次第。

　話がそれはじめた。

　島谷ひとみのことでもうひとつ思ったことがあった。この人は歌っている時の口の開け方がいい。声をひびかせたい人、声の伸びを出したい人は、ＴＶで彼女の口の開け方をチェックしてみて下さい。

　もう一枚は星村麻衣という、ピアノの弾き語りでデビューした現役の音大生のものである。

　椎名林檎やａｉｋｏに触発されてこの道を選んだそうで、なるほど、クラシック調のピアノから歌に入ると、ベル・カントではなく、そういった発声である。これじゃ学校で先生に怒られそうだ。気になったのは、録音の嗜好なのだろうか、やたら息使いが生々しく耳に入ってくることで、もうちょっとクールに歌ってもよかった気がする。いささか聴いてるとこっちが照れくさくなるです。

あと、これはもっと本質的なことで、何で現役の音大生なのに自分で編曲をやらないのか？出来ないのか、やらせてもらえなかったのか、そんなものに興味ないのか？

ウーム。そこが知りたい。

2002/11/21

85

いつの日にか…

島谷ひとみ（エイベックス・トラックス）

作詞・作曲／酒井ミキオ　編曲／酒井ミキオ　上野圭市
本人最高の35万枚セールスで大ヒットした前作はカバー曲。そしてデビュー曲はなぜか演歌『大阪の女』。

86

Stay With You
星村麻衣（ソニー・ミュージックアソシエイテッドレコード）

作詞・作曲／Mai Hoshimura　編曲／Akira Nishihira
４歳から始めたピアノで軽快にロックナンバーを弾き、そして歌うシンガーソングライター。

地球ブルース〜337〜/DJDJ〔for RADIO〕／KICK THE CAN CREW

BLUE ROSE／FANATIC◇CRISIS

44

二律背反の谷から脱出!? キック・ザ・カン・クルー

ラップとヒップホップは何が違うのか、と問われた時私は、ヒップホップ的な生き方、とはいっても、ラップな奴とはまずいわない。そう答えてお茶を濁すことにしているのだが、要するに、ラップは純粋に音楽のスタイルを指すコトバなのに対し、ヒップホップはもう少し色々なものを含んでいる。例えばア・カペラとか輪唱とかのような分類のひとつがラップである。ヒップホップはロックと同じようにどうなりとも使える、あえていうならば思想的なコトバなのである。

いい方を変えればヒップホップには〝らしさ〟が求められるがラップに〝らしさ〟はない。ラップはラップ、輪唱は輪唱だ。

ではヒップホップらしさとは何なのか。簡単にいえば、それはアメリカでヒップホップを名乗る人達の持っている雰囲気だろう。そのマネをしないことにはヒップホップらしくならない。

ということは、日本のヒップホップは、どこまでいっても後追いである。ルールの変更権はこちら側にはない。

少し前に、三味線とおぼしき音を使ったヒップホップの曲がアメリカでヒットした。そうしたら日本のトラックメーカーも似たような音を使い出した。もし、もっと前に日本で先に三味線の音を入れたトラックを発表していたら多分、そんなのヒップホップらしくない、と一蹴されただろう。

　ヒップホップにらしさ以上に大切なものがあるとすれば、オリジナリティだと思う。音にしろ、ラップの方法にしろ、ヒップホップの歴史は新発明の歴史だと私は思っている。

　らしさとオリジナリティのはざま。日本でヒップホップの道を歩もうとする者は、この二律背反の谷に身を置くしかない。

　前置きが長くなった。KICK THE CAN CREWの新曲を聴いていたら、そんなことを改めて考えてみたくなってしまったのである。

　というのもこの曲、何だかそうしたジレンマからの脱却を試みているように思えてならない。まずリズムは三三七拍子をモチーフにして、と、そのことを抜きにしても、マンボ歌謡風のバックトラックの温度感は、絶対にNYのような風景を喚起することはないし、そもそもがタイトルからしてBボーイ度ゼロである。テーマは飲み会。それもかなり忘年会シーズンぽい。酎ハイっぽい。極端なことをいえば、バラクーダでしたっけ、『日本全国酒飲み音頭』とかいうのがあった。アレと有線で続けてかかってもおかしくないような、そんなノリがこの曲にはある。

　つまり、この曲はヒップホップなんかどうでもいい普通のサラリーマンにも楽しめるラップなのだ。

　といった感じで、サウンド、テーマ、更にはラップの発声も含め、かなりドメスチックな『地球ブルース〜337〜』なのだが、これが単なる日本語のラップではなく、ちゃんとヒップホップに聴こえる。特筆したいのはそのことである。彼等は、らしさを求めずとも日本語でヒップホップが可能なことを、今証明しつつあるのだと思う。コレは嬉しいことです。

FANATIC◇CRISIS。ヴィジュアル系。なんか懐かしい。特にうたい方が。

2002/11/28

87

地球ブルース〜337〜／DJDJ［for RADIO］
KICK THE CAN CREW（ワーナーミュージック・ジャパン）

作詞・作曲／KICK THE CAN CREW
編曲／KREVA
人気3MCのパーティー・ソング。

88

BLUE ROSE
FANATIC◇CRISIS（ソルブレイド）

作詞・作曲／TSUTOMU ISHIZUKI
編曲／YOSHIHIRO KAMBAYASHI FtC
ジャズ風ピアノで始まり中盤ではラテン風に。様々な要素を取り入れた。

NEW PARADISE／w-inds.

Everything Needs Love feat. BoA／MONDO GROSSO

45

w-inds.だけが持つ芸能的と音楽的な要素のバランス

w-inds.から何となく目が離せないのは、曲が出る毎に、成長とか進歩とか、そういったことを感じさせてくれるからだ。

デビューの頃は彼等を本気で女の子グループだと思っていたと、以前に書いたことがあったが、さすがに慶太のハイトーンも最近は、少し大人びて、ちゃんと男の声に聴こえるようになった。

普通はそうなると魅力が半減したりするものである。嬉しいのは、むしろリアルさの増したことで耳心地が向上した。どこか声のなかに、彼の人間性のようなものが感じられるようになったことである。

さて、そんな訳で新曲であるが、これがまた決して期待を裏切らない出来で、ホッとした。アイドル系の人達を音楽面だけで追っていると、ある日突然ガックリさせられることも多いのである。

『NEW PARADISE』を聴いて、まず思ったのがイントロのナチュラルな雰囲気である。彼等の競合するマーケットでは、イントロはうんとエゲツなくするのが常套だろう。それが、インコグニートとか、ああいったFM映えのする、アーバンな音になっているのである。

歌に入ると、イントロよりは温度が上がるが、それでも大きな流れは変わらない。人気より音で勝負するアーティストのような、つまりバックトラックも含めて自分達の責任だという自覚の感じられる歌唱でこの曲は続く。肉声が楽器の鳴らす音の意味に応えているといったらいいか、全体でちゃんとひとつの音楽になっているのである。

といって、妙にアーティスト意識みたいなものが漂っている訳でもないから安心していただきたい。あくまでもアイドルらしい華やかさが曲のチャームポイントになっている。

この、芸能的と音楽的な要素のバランスが、多分、他になくて彼等w-inds.だけが持つ特性なのではないだろうか。

そして、この曲、とても出来が良い。今回の作品で彼等はワンランク価値が上がったように私は感じた。

音で勝負といえばMondo Grossoこと大沢伸一である。新曲はヴォーカルにBoAをむかえて、歌ものハウスのどまんなか、NYの人がNYで作ったとしか思えぬゴージャスな質感の力作で、最初ラジオで聴いた時、思わずヴォリュームを上げてしまった。

使用される楽器、その音色、ミックス、と、どこを見回しても王道の極致とでもいうべきハウスマナーに徹していて、その点、ヤバさのようなものには欠けるものの、とにかくおそろしく完成度が高い。こういった作品にチャートがきちんと反応しているのは喜ばしいことである。

それにしてもBoAの歌唱力は大したものだ。16歳というのだから、この先どうなるのか。

考えてみると、彼女もw-inds.とは違った意味で、芸能的と音楽的の境目にビミョーに立っている。これからは、この界隈に面白い新人が沢山登場しそうな気が——二枚のＣＤを聴いているうちに——ふと、してきた。

どうでもいいことだが、このＢｏＡの声は若き日の夏木マリに似ていると思った。

2002/12/5

89
NEW PARADISE
w-inds.（ポニーキャニオン）

作詞／Hiroaki Hayama　Kentaro Akutsu　作曲・編曲／Hiroaki Hayama
美しくメランコリックなメロディに漂う情感。彼らの着実な成長を感じる7枚目シングル。

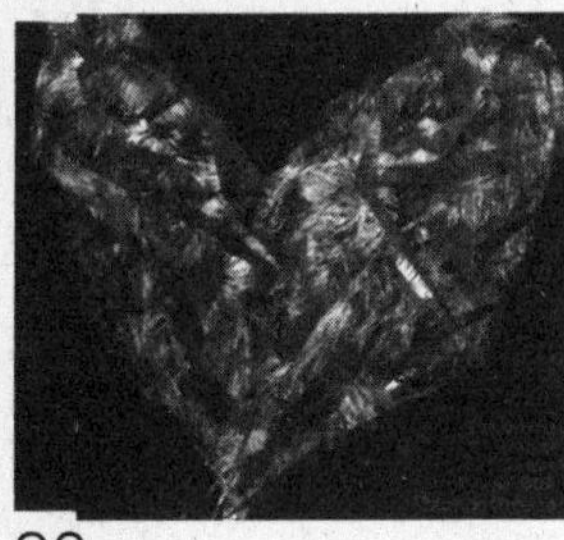

90
Everything Needs Love feat. BoA
MONDO GROSSO（ソニー・ミュージックアソシエイテッドレコード）

作詞・作曲・編曲／MONDO GROSSO
DJ兼人気プロデューサー・大沢伸一の一人ユニットが韓国出身エイベックス系歌手・BoAを起用。

冷たいギフト/貫通／ゆらゆら帝国

BACK BLOCKS／MISIA

46

ゆらゆら帝国は、やすやすとウルトラCをしてみせた

久々にゆらゆら帝国が新曲を出した。その間、活動を休止していた時期もあったそうである。というわけで二年ぶりのシングル。

昔、はじめてこの人達を聴いた時、とてもクセのある音楽なのだが、どこかポップな気分も持っていて、どのように進化をしてゆくのかが読めずにいた。

今回のシングルも、今時めずらしい8センチタイプ、それも二枚組という意匠で、入り口からして主張のありそうな気配である。で、音であるが、今回もなかなか不思議な印象であった。

まず『冷たいギフト』の方であるが、聴いていると二つの音楽性の合わさったような感じで、といって、いわゆるミクスチュア的にジャンルの異なるものを掛け合わせたのとは違う。もっといびつにまじり合っている。ひとつの要素はメロディアスなフォークロックで、そこに、いたずらというか落書きというか、変な風にゆがんだ要素が加わるのだ。

例えば、ひずんだギターがずーっと薄くうしろに鳴っていたり、子供の声のようなものが、突然歌とユニゾンになったり、説明すると、そういうことなのだが、それ等は、この曲の自然なメロディラインとは本来マッチしそうもないものである。にもかかわらず、聴くうちにその

対峙がだんだんと快感に思えてくる。

わざと変わったことをしようとしているのだったら、きっとそんな風に感じることはなかったろう。本人達にとっては、この音が何よりすなおな自然な成りゆきなのだ。そのすなおさが、音に安心感を与えるのではないか？

とか、色々と聴きながら考えてみるのだが、要するに、彼等ゆらゆら帝国には、ゆるぎないスタイルがある、ということである。

だから『貫通』というもうひとつの作品にしても、ちょっと聴くと、昔のジャックスとかにも共通するサウンドなのに、レトロには響いて来ない。ここではじめて経験する音として聴こえてくるのである。

この曲のすごいところは、曲の間奏にあたる部分が、ただただノイズの嵐みたいな、轟音の持続だけで、しかも相当な尺で押し通す構成なのだが、それが聴いていて難解かというと、スカっとさせられる。いってみればウルトラC（古い表現で申し訳ないっス）の着地をやすやすとしてみせているところである。

とにかく、要素をバラバラにチェックすると、マニアックとしかいいようのないことをやっている。それでフィニッシュはとてもフレンドリー。この新曲で、ゆらゆら帝国は一層表面のポップ性と内側の複雑さのクオリティをアップしたように思う。面白いCDだった。

MISIAの新曲『BACK BLOCKS』は、賛否のわかれそうな曲だが、私はこの方向性を喜ぶ。というのも、ヘタをすると、ただ良いメロディを見事に歌い上げるだけの人になってしまうのでは、とこのところのシングルの流れから、彼女の未来を危惧していたからである。

91

冷たいギフト／貫通
ゆらゆら帝国（ミディ）

作詞／坂本慎太郎　作曲／ゆらゆら帝国
徹頭徹尾日本語ロックを追求する男3人組。Vo.坂本慎太郎が手掛けるサイケでファンシーなジャケも個性的。

2002/12/12

こんなリズム中心の曲を出してくれるとは!!　もっともっとこの人にはあばれてもらいたいものです。

92

BACK BLOCKS
MISIA（Rhythmedia Tribe）

作詞／MISIA　作曲・編曲／SAKO-SHIN
ドラマチックでハードなHIP HOPサウンドを大胆に導入。バラード系のイメージをガラリと一新した。

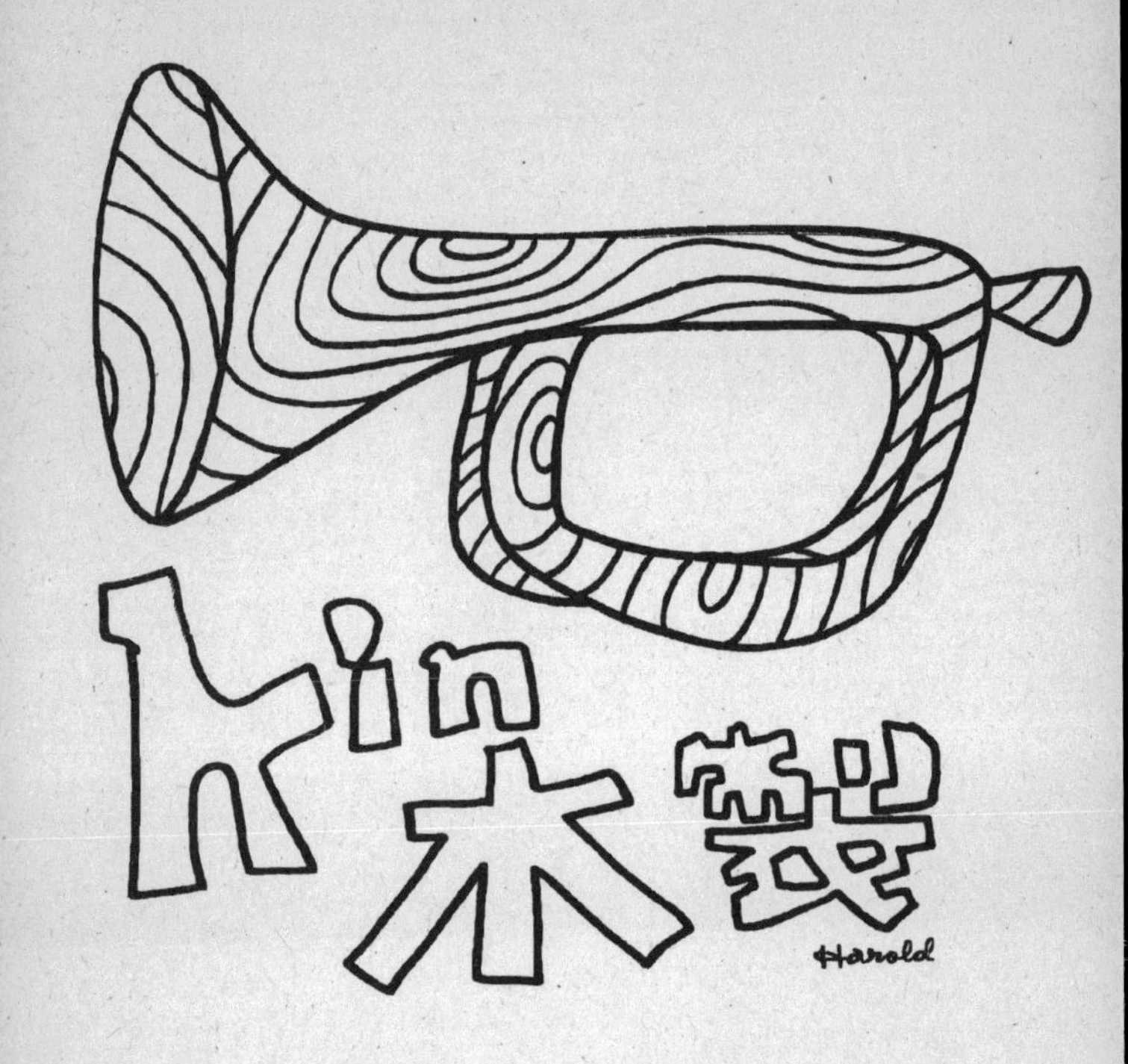

車線変更25時／キンモクセイ

seize the light／globe

47

ヴァーチャル〝筒美京平〟に拍手！ キンモクセイ『車線変更25時』

キンモクセイの『車線変更25時』には笑ってしまった。いや感心してしまったというべきか。ここまで筒美京平と見分けのつかない音は、かつて聴いたことがない。京平さん、もしこのページ読んでたら、ゼヒチェックしてみて下さい。あ、もうレコード会社の方からテスト盤が行ってるかしらん？

とにかくビックリした。

過去において一体何人のミュージシャンが筒美京平ごっこをしたことか。そのなかには純粋に商業的な立場の作家もいれば、ゆがんだアンダーグラウンド指向のマニアもいる。実に幅ひろく色々な意味の、筒美京平に捧げるサウンドが日本には存在したと思う。かくいう私もトライしたことがありましたが……。

しかし。自分のは勿論のこと、ひとつとして、その本質にせまることの出来たものはなかった。あるいは本質は同じだとして、筒美京平を聴く時のあの気分はその曲からは湧いて来なかった。おそらく万人がそう感じていたことである。

本質とは何か。かまえることなく耳にした時の平易さと、音楽構造的な整合性の分かちがたい一体だろう。簡単にいえば、作曲家と編曲家、二人の出自の違う音楽家が筒美京平のなかにいる、ということであるが、アカデミックな教育を受けた人間が歌謡曲やポップスを書く時、割り切ってそうした状態になることは往々にしてないことではない。

つまり技術論的には筒美京平のような音楽家は、誰もが目指すことが可能である。

問題は、その結果出来てきた音楽の官能性にある。筒美京平に誰も近付けなかったのは結局、あの独特の色気の再現がかなわなかった。ということではなかったか。

華やぎのなかに、ひっそりとやわらかい、しめって暗い、もうひとつの美しさがある。筒美京平の音楽にあって他にないのは、この日本美人のような影のあるたたずまいだった。どんなによそおいを洋風にしても、だから、そこはかとなく漂ってくる、ある種の脆弱さ。九鬼周造ではないが、要するに、粋である。筒美京平の音楽をひとことでいえばそれに尽きる。

おっといかん。『車線変更25時』であった。この曲には、述べてきたような、むしろ体質といった方がふさわしい部分で、筒美京平におそろしく近いものを感ずるのである。それでついこんなことを書いてしまった。

それにしてもすごいと思うのは、曲だけではない、詞も同じ人間、伊藤俊吾が手掛けていることで、この詞が実にサウンドとマッチしている。まるで昭和の時代の職業作詞家が21世紀の感性でよみがえったような文体(って詞には使わないのかな)が、一層楽曲の〃らしさ〃を高めているのだ。歌もこの人なのだろうか。だとしたら、才人だね、伊藤俊吾。

イントロから終りまで、更にc/w曲も、ヴァーチャルな筒美京平を作り切ったキンモクセイに心から拍手を送りたいと思う。

globeはYOSHIKIの参入で、こちらも感想がいっぱいあるんだけど、もう紙幅が尽きた。M1がYOSHIKIの作曲で、M2がTK。その比較をしながら聴くと楽しいっスよって話を書くつもりでした。

2002/12/19

93

車線変更25時
キンモクセイ（BMGファンハウス）

作詞・作曲／伊藤俊吾　編曲／キンモクセイ　佐橋佳幸
ゴージャス・アレンジのディスコナンバー。Vo.伊藤俊吾含む５人組、紅白初出場した姿も記憶に新しい。

94

seize the light
globe（エイベックス・トラックス）

作詞／YOSHIKI　TETSUYA KOMURO　MARC　作曲／YOSHIKI　編曲／YOSHIKI　TETSUYA KOMURO
小室の友人YOSHIKIは９月に正式加入。新生globeとなっての初シングル。

反省/あの頃へ／安全地帯
さらら/けちらせ!／ベッキー

48

声の底力はあってもサウンドの面白みが今ひとつの安全地帯

そういえば夏の頃、ワイドショーで安全地帯の再始動が報じられていた。てっきり解散していたと思っていたのだが、単に休んでいただけということであった。玉置浩二はともかく、他のメンバーはそのあいだどうやって喰っていたのか。なんてことはどうでもいいが、久々に聴いた安全地帯の曲はそれほど印象に残らなかった。

そして半年ほど経ち、次のシングルが出た。どこかで聴いたことがあると思っていたら秋からCMに使われていた曲だった。

ということは、この曲もそれほど強い印象ではなかったということである。パッと聴いただけですぐにあの曲ネ、とはならなかったのだから。

とはいえ、こうしてCDをかけていると、たしかに底力みたいなものはあって、だんだんと曲が耳になじんでくる。

これはやはり玉置浩二の歌のなせるわざというしかない。声のなせるわざといった方がいいかもしれないが、この人が歌うと、歌詞に書かれている内容以上の何かがコトバの間から感じられるのである。それはちょっとしたブレスのニュアンスとか微妙な抑揚のつけ方とか、そうしたものがメロディと日本語の関係に自然な陰影を与えるからだろう。聴き込むほどに奥行きが出てくる。最初はじみな曲だと思っていたのが、いつしか味わい深い曲に変わってゆくのだ。

喜怒哀楽そのどれとも似て、そのどれにも属さない、そんな感情を歌うことであらわすことの出来る玉置浩二は、あらためて大したものだと思うが、ひとつ気になることもあった。せっかくバンドなのに、サウンド自体に今ひとつ面白みがない。とてもきれいでまとまりの良い音、というより他にいいようがない。何だかスタジオミュージシャンが譜面を見て演奏しているように聴こえてしまうのだ。まァ、安全地帯というものが、そもそも、そういう音を出すバンドだということは判っているのだが……。C/Wの曲は十年前の作品のリメイクだそうだが、何だか戦メリが流行った頃のようなシンセ音がなつかしかった。いや古くさかった、の方が正直な感想ですね。

ベッキーといえば、今やＴＶではおなじみのひとりであるが、あのキャラクターとはちょっと距離のある、しっとりとした調子の新曲を出した。ジャケットの写真もまじな顔である。

前々から頭の回転は早いし、器用だし、声優もやっていたし、どんな風にでも歌えるのだろうが、それにしても、バラエティ番組の時とは別人のような大人びた歌声にはおどろかされる。

このＴＶとＣＤのギャップが、おそらくはねらいと思うが、問題は曲そのものが中途半端で、結果的にコントラストがちゃんとつかずじまいで終ってしまったことだ。せっかくのこの線も、何でも屋としての幅をひろげただけみたいな感じなのだ。

そんなことより何より、この曲、若さがないよなァ。何だか昔AMの深夜放送でよくかかっていたみたいな、フォーク歌謡まんまで、まったくひねりがない。

何なんだろう、このつまんなさは。十八歳にして、もうTV局のスタッフのような感性になっちゃったってこと?

おはスタの頃はもっとオリジナルな人だった気がする。

2002/12/26

95

反省/あの頃へ
安全地帯(ソニーレコード)

作詞/松井五郎　作曲/玉置浩二　編曲/安全地帯　星勝
麦わら帽子姿で絶唱の『田園』など、玉置ソロ時代のハジけっぷりが嘘のよう。ハウス・シチューのCM曲。

96

さらら/けちらせ!
ベッキー(東芝EMI)

作詞/YUKAKO　ベッキー　作曲/小野澤篤　編曲/小野澤篤　平井夏美
怪人ゾナーと共演のパラパラやアニメのテーマ曲等を歌ってきた彼女。初めてアダルト路線のサウンドに挑戦。

2002年10月7日付〜2002年10月28日付オリコン調べ

10

順位	得点	作品名 アーティスト	発売日	最高順位
1	550,760	Voyage 浜崎あゆみ	14.9.26	1
2	187,840	大きな古時計 平井　堅	14.8.28	2
3	135,520	大切なもの ロードオブメジャー	14.8.28	3
4	116,170	花鳥風月 ケツメイシ	14.9.26	4
5	110,230	PIKA☆NCHI 嵐	14.10.17	1
6	105,250	The Perfect Vision MINMI	14.8.21	4
7	91,760	証 ZONE	14.9.26	3
8	77,290	平和島 B-DASH	14.9.25	6
9	75,050	またあえる日まで ゆず	14.10.17	2
10	65,010	奇蹟／NO.1 BoA	14.9.19	8

Monthly Ranking

月間ベストセラー順位表

11

2002年11月4日付〜2002年11月25日付オリコン調べ

順位	得点	作品名 アーティスト	発売日	最高順位
1	293,620	solitude〜真実のサヨナラ〜 KinKi Kids	14.10.23	1
2	200,290	大切なもの ロードオブメジャー	14.8.28	2
3	184,130	ここにいるぜぇ！ モーニング娘。	14.10.30	1
4	174,850	INVOKE T.M.Revolution	14.10.30	2
5	151,490	It Takes Two (It Takes Two/SOLID DREAM/MOVE ON) CHEMISTRY	14.11.13	1
6	126,020	Ring 平井　堅	14.11.7	1
7	110,950	あんなに一緒だったのに See-Saw	14.10.23	5
8	98,820	The Perfect Vision MINMI	14.8.21	8
9	86,020	NEW PARADISE w-inds.	14.11.13	2
10	85,460	あさってはSunday RAG FAIR	14.10.23	2

12

2002年12月2日付〜2002年12月30日付オリコン調べ

順位	得点	作品名 アーティスト	発売日	最高順位
1	388,296	HERO Mr.Children	14.12.11	1
2	244,555	It Takes Two (It Takes Two/SOLID DREAM/MOVE ON) CHEMISTRY	14.11.13	2
3	196,312	大切なもの ロードオブメジャー	14.8.28	4
4	180,011	Love Me All Over J-FRIENDS	14.12.18	1
5	157,951	BLUE BE-BOP リップスライム	14.11.27	1
6	151,812	Ring 平井　堅	14.11.7	4
7	145,877	SHALL WE LOVE? ごまっとう	14.11.20	1
8	135,737	もらい泣き 一青　窈	14.10.30	4
9	127,798	ding-dong／glider TOKIO	14.12.4	1
10	126,080	星屑の街 ゴスペラーズ	14.11.13	5

あとがき

２００２年版の『考えるヒット』をこうしてまた一冊の本にしてお届け出来ることとなりました。ありがとうございます。今回はちょっと本のスタイルを軽めにしてみました。個人的には大変気に入っているのですが、いかがでしょうか。

それにしても思うのが、年を追うごとに原稿にしにくいヒット曲の増えていることで、どうしてかというと、ジャンルを問わずCDのクオリティがどれもおそろしく高くなっていて、アラ捜しをしようにもつけ入る隙がない。どの曲も商品ということで考えるならば、それぞれにユーザーの納得するものばかりなのだ。

毎週新譜を聴きながら、だから本当に頭がいたい。何をチェックしても同じような気分になってしまうのである。「良く出来ている」その先のコトバが見付からないのだ。

という訳で、ここに収められた原稿のすべて「良く出来ている」の後に無理矢理に何かをつけ足したものといえなくもないのだが、一人の音楽家として定点観測に務めてはいるつもりである。

そうしたなかで感じるのは、音よりコトバの方が気になるケースの多いことで、それは音楽家としてではなく、むしろ日本人としての問題な気もするが、日本語が音楽の都合でどんどんねじ曲げられていっているように思えてしまってならない。

例えば発音がそうだ。いまだに英語もどきに日本語を歌わないと気のすまない歌手がいる。ちょっと考えれば判ると思うが、演歌を巻き舌で歌ったら誰が聴いたってバカみたいである。Jポップやロックやヒップホップでは何故そんなことが許されるのか。そのことと同じくひっかかるのが、文章として意味をなさない歌詞である。これも演歌ではあり得ない。

そういうと反論もあるようだ。「だって、普通の日本語だとダサイじゃん」あるいは雰囲気で伝わるんだから、という意見もあるに違いない。

どちらにせよ、若者用の音楽に限って、日本語が、サウンドの一環になってしまっているのは事実で、それをとやかくいう人間は、音楽評論をなりわいにしている人でもほとんどいないのではないか。

私はハッキリと思う。何かがそこでゴマ化されている。もっとアーティスト達は日本語と真正面から向き合う必要がある。

この連載も続けるうちに見えてきたのは、今主流となっている音楽が、そもそも我々の言語体系と合ったものではない、ということだった。はじめから無理があるのだ。

このまんま強引に、そういうものとして進化を続けてゆくとどうなるのか、と考えてしまう。どうなるのかというと、心にますます届かぬものになるだろう。そして、その問題解決の為、商品としての見映えだけはますますリッパにせざるを得なくなる。

勿論、そうではない、日本語のプライドを感じさせてくれる、そしてちゃんと新しくカッコ良い音楽もいっぱいあることを私は知っている。

その最右翼がクレイジーケンバンドだ。2002年、何より嬉しかったのが彼等のブレークである。この間、久々に二回続けてライヴを観に行ったが、彼等は本当に日本語の持つ様々な魅力や面白さを、音楽のなかでキチンと形にしている。こういうものが広く世間でも知られるようになったことは、すばらしい。もうこれだけで2002年は御の字かも、と思いつつ、最後に個人的な話をさせていただこうかな。

私にとって2002年は、自身のユニット、ルナティック・サンダーのアルバム作りとライヴに明け暮れた一年で、ひとつトランスという音楽に心底没頭出来た。振り返ると、この一年がもしなかったら、今の自分は絶対にない。そう思えるのだから、充実していたということになりましょうか。

近田春夫

よ

YOSHIKI　16、187、281
横浜銀蝿　203
横山剣　218
芳野藤丸　210

ら

LOVE PSYCHEDELICO　183
RAG FAIR　169

り

LISA　19
RIP SLYME　95
リンド&リンダーズ　243

る

LUNA SEA　112、195

れ

rei harakami　184

わ

渡辺圭一　247
ワム!　196

トニー・ヴィスコンティ　51

な

NUMBER GIRL　87
中島美嘉　53
夏木マリ　273

は

HYDE　11
paris match　128
元ちとせ　41、164、263
パット・メセニー　184
浜崎あゆみ　15
原由子　163

ひ

HEATWAVE　247
hiro　127
hitomi　23
ピーター・ポール＆マリー　137
ビートルズ　27、48
氷川きよし　43、199
仁絵　229
日之内絵美　221
平井堅　123、145、200
平松愛理　223

ふ

４９１（フォーナインエース）　243
BLANKEY JET CITY　247
FANATIC◇CRISIS　269
FLAME　192
Folder5　192
フォーリーブス　74
福山雅治　161
藤井隆　17
布施明　17
ブラザースフォー　137
古市絢子　248
プリンス　123
ブルー・インパルス　243
降谷健志　31

へ

ベイビーフェイス　123
ペーター佐藤　115
ベッキー　284

ほ

BoA　272
Whiteberry　244
ボーイズⅡメン　123、175
星村麻衣　264
ポルノグラフィティ　51、117

ま

マーク・パンサー　100
前川清　161
松浦亜弥　133、240
松田聖子　116
松任谷由実　196
麻波25　260
松本隆　17

み

MINMI　145
MISIA　35、276
Mr.Children　225
ミズノマリ　128
ミニモニ。　120
宮本典子　175

も

MONDO GROSSO　272
モーニング娘。　133
森岡賢　251
森岡賢一郎　251

ゆ

JUDE　247
YUKI　96、236
ユウキ　149
ゆず　49
ユニコーン　244
ゆらゆら帝国　275

さ

Psycho le Cému 213
SAYAKA 115
the brilliant green 107
The NaB's 209
THE ROOSTERS 247
THE☆SCANTY 33
坂本龍一 159
サザンオールスターズ 196
ザ・ドリフターズ 43
サニーデイ・サービス 12
ザ・ハイロウズ 159
ザ・ブルーハーツ 181
沢田研二 24
三瓶 61

し

JUDY AND MARY 235
椎名林檎 163、252、264
ジェームズ・ブラウン 95、218
シカゴ 51
島谷ひとみ 163、263
釈由美子 259
ジャミロクワイ 32
シュガー 223
ジョージ・ハリスン 47

す

Skoop On Somebody 92
SMAP 59
SPEED 83、127、229
SUGIZO 195
スガシカオ 27
鈴木"Daichi"秀行 172
ストック・エイトキン・ウォーターマン 204
スピッツ 191
スライ&ザ・ファミリー・ストーン 27

せ

SEX MACHINEGUNS 78、214
セクシー8 172
セリーヌ・ディオン 236
0 3 248

そ

SOFT BALLET 251
ZONE 243
曽我部恵一 12
ソニン 149

た

DABO 155
TAKUYA 235
ダイアナ・キング 147
ダイアン・ウォーレン 236
高木ブー 217
☆タカハシタク 141、222
玉置浩二 283
ダラス・オースチン 123

ち

TUBE 196
チョナン・カン 171

つ

つじあやの 137
筒美京平 17、279
つんく 47、133、150、171、222

て

Dir en grey 187
DJ TASAKA 62
TMネットワーク 251
テイ・トウワ 63
デビッド・ボウイ 51

と

Dragon Ash 31
DREAMS COME TRUE 107
TOKIO 73
Tommy february6 108
東京スカパラダイスオーケストラ 57、196
堂島孝平 25
堂本剛 125
ドナ・サマー 176

あ

aiko　264
AJICO　247
Anchang　78
浅井健一　247
安室奈美恵　20、123
嵐　36、256
安全地帯　283
アン・ルイス　24

い

EE　JUMP　149
YeLLOW Generation　197
池畑潤二　247
石井竜也　205
石川さゆり　264
石野卓球　239
泉谷しげる　255
伊秩弘将　127
伊藤俊吾　280
忌野清志郎　159
インコグニート　271

う

UA　183、247
V6　73
VERBAL　20
w-inds.　192、271
ヴィレッジシンガーズ　163
上原多香子　83、127
宇多田ヒカル　39、91、108、123、175
ウルトラヴォックス　251

え

m-fro　19、141、222
X-JAPAN　187
エアロスミス　236
エルビス・プレスリー　27

お

大沢伸一　272
岡村靖幸　239
奥田民生　27、57、89

か

Gackt　112
ガガガＳＰ　255
華原朋美　71
川瀬智子　107
河村隆一　83、111

き

KICK THE CAN CREW　29、268
KinKi Kids　73
氣志團　79、203
キセル　187
キングギドラ　65
キンモクセイ　279

く

Crystal Kay　141
GLAY　111
globe　15、99、281
草野マサムネ　191
倉木麻衣　108
くるり　43
クレイジーケンバンド　79、119、217
グロリア・ゲイナー　175
桑田佳祐　167

け

CHEMISTRY　179
KEIKO　15、100
ゲイリー・ニューマン　251

こ

GO!GO!7188　252
GOING UNDER GROUND　181
甲本ヒロト　159
コニー・フランシス　35
小林旭　43
小比類巻かほる　123
コブクロ　177
小室哲哉　15、23、99、222、281
小柳ゆき　39、123、175

Staff

Author
近田春夫
Illustrator
安斎 肇
Art Director
鶴 丈二
Executive Producer
渡辺庸三
Editorial Director/Disc Selector
斉藤由香
Special Thanks to
井上孝之

Haruo Chikada

近田春夫
1951年２月25日、東京都世田谷区生まれ。幼稚舎からの慶應義塾を大学で中退、75年に近田春夫＆ハルヲフォンとしてデビュー。80年代以降はＢＥＥＦ、ビブラトーンズなどを率いて時代の先端の音楽を生み出すかたわら、俳優、タレント、ラジオＤＪ、ＣＭ音楽作家、作詞家、作曲家、プロデューサー、そして歌謡曲評論家として独自の批評的スタンスで活躍する。86年にはプレジデントＢＰＭを名乗って日本語ラップの先駆者となり、88年には人力ヒップホップ・バンドのビブラストーンを結成し、精力的に活動。そして、97年からはソロとしてAFROMIX、NO CHILL OUTなどの名義でゴア・トランス・テクノのシングルを次々と発表している。著書に「週刊文春」に連載中のＪポップ評論をまとめた『考えるヒット』、『考えるヒット２』、『考えるヒット３』、『その意味は考えるヒット４』、『大きくふたつに分けるとすれば　考えるヒット5』、78年から84年の「ポパイ」連載コラム全151本を加えた幻の名著の電撃的復刻版『定本気分は歌謡曲』（すべて文藝春秋）がある。

いいのかこれで　考（かんが）えるヒット６

2003年５月15日　第１刷

著　者　近田春夫（ちかだはるお）
発行者　平尾隆弘
発行所　株式会社文藝春秋
〒102-8008　東京都千代田区紀尾井町3-23
電話　03-3265-1211
印刷所　凸版印刷株式会社
製本所　中島製本株式会社

定価はカバーに表示してあります。
万一落丁乱丁の場合は、送料小社負担でお取り替えいたします。
小社営業部宛お送り下さい。
ISBN4-16-359710-7